河北大学燕赵文化高等研究院学科建设

国家自然科学基金面上项目
"晋陕蒙地区能源安全与碳排放和经济发展的耦合机制及调控研究"
（项目编号：41771566）

自然资源部资源环境承载力评价重点实验室开放性课题（项目编号：CCA2019.20）

河北省社会科学发展研究课题重点项目
"河北省碳核算、碳达峰及脱钩研究"（项目编号：20210101015）

河北大学高层次人才科研启动项目（项目编号：521000981365）

河北大学资源利用与环境保护研究中心
河北大学优秀青年科研创新团队"产业布局与区域经济发展创新团队"
资助出版

| 河北大学哲学社会科学文库 |

矿区土地利用与区域可持续发展
——制度构建和产业实践

LAND USE AND
SUSTAINABLE DEVELOPMENT
IN MINING AREAS

Institutional Establishment
and Industrial Practice

何淼 / 著

社会科学文献出版社
SOCIAL SCIENCES ACADEMIC PRESS (CHINA)

前　言

亚当·斯密在 1776 年出版的《国民财富的性质和原因的研究》一书中写道，在他们（鞑靼人）看来，财富由牲畜构成，这就像在西班牙人看来，财富由金银构成一样。不同国家、不同时期，财富的主要构成迥异。在矿产资源丰富的地方，资源的开发成为当地重要的财富来源，澳大利亚素有"坐在矿车上的国家"之美誉，美国、巴西、阿根廷以及南非共和国等也拥有丰富的矿藏，矿藏是这些国家财富的源泉，也是区域发展的重要依托。各国经验表明，国家在矿产资源开发过程中具有重要作用，矿产资源开发活动的国家治理模式、治理机制应当是国家治理和区域发展过程中需要重点关注的问题。

矿产资源开发活动的国家治理中，资源管理、产业管理、环境管理构成了宏观和中观层面的治理要素。资源管理既属于企业管理范畴，又属于国民经济管理范畴。中国的资源开发利用普遍存在以下两个问题。一是自然资源所有权和使用权的制度不健全引发的资源和利益分配纠纷，二是资源掠夺性开发利用导致的环境污染和生态系统失调。矿产资源是经济发展和社会进步的基础，是国家安全的重要保障。矿产资源开发利用的决定性因素是矿产资源本身的情况，而土地利用问题是矿产资源开发利用中不可忽视的问题。矿产资源开发中的土地利用问题是地与矿的"接合部"。由于中国矿产资源和土地资源实行不同的公有制度和管理制度，矿山企业经营活动中存在矿业用地使用权取得难、土地利用成本高、退出受限等问题；国土资源管理部门管理活动中存在土地利用低效、外部性显著、土地复垦和矿山环境治理不利等问题。这些问题既涉及技术层面，也涉及制度层面。目前，绿色矿山、生态经济已成为矿业发展的必由之路，在新形势下，解决好绿色矿山体系下的土地利用制度性问题具有迫切性。而产权作为经济运行规则的保障，会使土地要素在矿业生产中发挥最优效用。因此，研究构建矿区土地利用制度体系、完善矿业用地法律制度、建立和谐的矿地关系具有重大意义。矿业用地法律制度问题的解决应以推动矿业发展、提高资源配置效率进而实现法律实效为目的。同时，矿区土地利用也是区域和城市发展规划中的重要组成部分。矿业活动区域的环境影响和生态承载力是评估区域可持续发展的重要指标。对存在矿业活动的区域进行土地利用/覆盖变化及土地承载力研究可为矿业活动规划、区域发展规划提供科学支撑。

本书共分上、下两编。上编以产权明晰作为完善矿区土地利用制度体系的前提，运用演化博弈分析从法律政策层面提出矿区土地利用的优化配置方案。下编主要探讨如何通过土地承载力提升和土地利用/覆盖变化解决矿业活动的负外部性问题，改善土地利用方式，促进矿业与其他产业协调共荣，推动区域高质量发展。结合数据模拟和实地调研，对绿色矿山体系建设、矿区土地复垦复绿、矿业经济区转型发展中涉及的土地利用指标、土地利用适宜性评价方式、经济增长与碳排放脱钩情况展开分析，并提出政策建议。

本书通过分析得出以下结论。第一，土地是矿业活动中不可或缺的生产要素，应当重视矿业用地的特殊性，明确矿业用地使用权，明晰权利义务关系，建立合理的用地制度，通过完善矿业用地的产权保障制度保障合法的矿业权，确保矿产资源开发活动依法有序进行。第二，本书根据中国矿业和土地立法中存在的问题，借鉴正在推广的采矿用地试点成功经验，通过构建博弈模型对采矿用地法律定位问题和取得方式问题进行优化，研究得出，应遵循"五位一体"的发展理念，形成政府主导下采矿用地的单独用地制度保障，将土地利用、产业发展与生态保护结合起来，协调"四位一体"的三阶段采矿用地法律关系，构建与资源环境承载力相匹配的绿色矿业用地法律制度体系，实现包括环境效益在内的社会福利最优。第三，对神华宁东煤炭基地、云南磷化集团和七台河老煤炭基地以及铜陵市和与之相邻的芜湖市、池州市的实地调研证实，中国不同时期矿业用地法律制度和政策所产生的不同经济、社会、环境效果，凸显了合理矿业用地区分政策可产生较好的经济效益、社会效益和生态效益。第四，好的矿区土地利用制度应当是在充分考虑矿区土地承载力基础上构建的合理的土地利用制度，矿区土地承载力测算是考察矿区土地利用及土地利用／覆盖变化的前提要素。第五，提出完善中国矿业用地法律制度的建议，包括建立矿业用地分类供地制度、建立临时用地行政裁决和司法裁决制度、建立废弃矿业用地分类盘活制度、完善矿业用地宏观管理制度、将矿区土地承载力测算与生态承载力测算纳入矿产资源规划，以及建立与区域产业、社会、经济可持续发展相统一的矿区土地利用规划制度。

目　录

上编　矿区土地利用制度体系

下编　矿区可持续发展

上编

矿区土地利用制度体系

第一章
矿业用地问题的由来和矿业活动

矿业用地的管理是矿政管理的重要组成部分。矿政管理是国务院代表国家行使矿产资源的所有者权益及行政管理职能的总称。作为矿产资源的主管部门，国家自然资源管理部门对矿产资源进行管理。矿产资源是矿业活动的前提和基础。矿业作为一种依托资源要素禀赋的产业，对于国民经济和区域发展具有重要影响。矿业活动中的土地问题，既涉及矿业的重要生产要素，又关乎区域发展的基础，既与矿业活动紧密相连、属于矿政管理的范畴，又天然属于土地管理的范畴，具有不可或缺性和交合性，本章对于矿业用地问题的由来及其与矿业活动的关系展开研究。

第一节　矿业用地问题的由来

一　矿业用地问题的由来

矿业为国家经济建设和社会发展提供了 95% 的能源资源和 80% 的原材料，[1] 是中国经济社会可持续发展的基石。中国特色的矿业伴

---

[1]　李平：《新中国矿业发展历程》，《中国矿业报》2014 年 10 月 20 日。

随着新中国的成长而逐步发展，并始终是国民经济的基础性产业。特别是现阶段，中国的经济总量和综合国力显著提升，矿产资源的供需矛盾愈加明显。随着全球优质矿产资源被跨国公司瓜分，中国经济社会发展中的资源能源成本逐渐增加，中国矿产资源安全供应压力逐渐加大。在这种情况下，国内矿产资源业的持续健康发展是解决中国矿产资源供需矛盾的基石。

现阶段矿业发展既拥有良好的机遇，也面临重大的挑战，而矿业用地问题已成为矿业发展中亟待解决的一大问题。

改革开放以来，中国经济平稳快速发展，给矿业带来了良好的发展机遇。然而，进入 21 世纪以来，经济形势复杂多变，矿业的发展起起伏伏。现阶段，中国经济发展进入新常态，经济形势下行，矿业亦整体下行，国内矿业进入供给侧结构性改革阶段，并且改革随着经济社会发展中资源环境等要素的约束趋紧而日益迫切，矿业亟须通过提质增效、不断调整，以适应新的发展形势、满足新的发展需要、实现行业的健康发展。矿产资源综合利用示范基地建设、绿色矿山体系及绿色矿业示范区建设等矿业政策实施纷纷显效，矿业提质增效发展后劲十足。然而，矿业用地问题仍然是困扰矿业发展的一个重要因素。

2011 年，全国有效的采矿许可证有 107289 件，登记总面积为 22.07 万平方千米，同年，全国合法登记的居民及工矿用地的总面积为 26.92 万平方千米。[①] 这表明采矿许可证登记的总面积近似于居民及工矿用地的总面积。这就意味着在现有法律制度模式下矿业的用地需求难以得到满足，并且，现有的矿业用地法律制度与市场经济的高效运转并不匹配。这些情况都会制约矿业的健康发展。因此，构建一个合乎国情、能够兼顾多方利益的矿业用地制度是解决矿业用地问题的关键。

---

① 中华人民共和国国土资源部编《中国矿产资源报告 2012》，地质出版社，2012。

矿业用地问题一直是学界关注的焦点以及立法和行政管理中的难点。针对矿业用地的诸多问题，学者们数十年间从经济学、土地管理、法学等角度展开各种研究。国家土地资源和矿产资源的主管部门也非常关注这一问题。在《中华人民共和国矿产资源法》（以下简称《矿产资源法》）和《中华人民共和国土地管理法》（以下简称《土地管理法》）的立法修改过程中，中国的土地资源和矿产资源主管部门——国土资源部（2018 年 3 月调整为自然资源部）对矿山企业用地情况进行了专门调研。调研表明，现行的矿业用地制度的确有不合理之处，违法用地问题亟待解决。国土资源部开展的采矿用地临时用地试点即是对矿业用地管理体制和机制的改革。这次改革给矿业用地管理制度方面带来了积极影响，使采矿权人、土地权利人的利益得到了平衡，有利于促进和谐矿地关系的形成。但改革仅涉及露天开采的部分矿种及矿山，并未从根本上解决矿业用地存在的系统性问题。

二　矿业用地问题的界定

通过对矿业用地问题由来的经验性分析以及文献比较分析可知，矿业用地问题是矿区土地管理问题，也是国土空间规划中需要解决的问题，涉及国土空间规划、矿政管理、土地管理等方面的国民经济管理问题。因此，矿业用地问题的系统性解决有赖于充分认知矿业用地问题的由来、立法和管理的现状、矿业活动的性质、矿业用地的特性、矿业与区域发展的关系。

第二节　矿业用地问题的演进及与立法的互动

一　矿业用地问题首先是一个法律问题

经济利益的背后是错综复杂的社会关系。法律作为调整社会关系的最有效手段，已成为经济管理的重要措施。法律是依法治国的基础，也是经济活动有序进行的前提。在经济管理中应该首先考察在制度层面是否存在建构问题。故此，矿业用地问题首先应当是一个法律问题。

二 矿业用地法律制度的相关研究

第一，矿业管理与矿业用地管理方面的学界观点。江平提出，矿政法律关系与矿业权法律关系是两种不同性质的法律关系。[1] 江平认为，中国体制改革方兴未艾，但"政企分开"仍收效甚微，原因就在于政府的行政管理权与国有资产管理权始终搅在一起。政府一直身兼数职，作为整个国民经济的组织者和调节者，政府部门行使国家管理职能；作为国有企业的所有者，政府部门行使资产管理职能。这种双重职能的合一，使政府和企业这两个角色经常发生错位。经营主体成为政权的附属物，所有权主体由于处于政府的地位而行政化。赵淑芹等认为，中国矿业用地现状中存在以下问题：矿山企业土地使用权取得方式单一，使用粗放；矿山开采占地方式多，未利用土地数量大；各类占用破坏严重，恢复治理相当困难；注重开发生产，不注重保护和土地复垦；复垦标准模糊，矿山企业经营困难，难以落实复垦政策；等等。[2]

第二，矿业权与土地权利方面的学界观点。江平认为，矿业权是一种财产权，其基本定义应是直接支配国家矿产资源进行开发利用并因此享有所得利益的一种排他性权利。[3] 矿业权作为《中华人民共和国民法通则》（以下简称《民法通则》）中明确规定的一种不动产物权，是一种独立的主物权。相对于国家矿产资源的专有权而言，它是

---

① 江平主编《中国矿业权法律制度研究》，中国政法大学出版社，1991。

② 赵淑芹、许野、钟京涛：《中国矿业用地现状分析》，《农业工程学报》2005 年第 S1 期。

③ 江平主编《中国矿业权法律制度研究》，中国政法大学出版社，1991。

一种限制物权。作为他物权，它是一种用益物权。一般说来，它是一种有期物权，而且是应登记的物权。它是一种本权，但有时也包含物权的取得权。就矿区土地权利而言，江平肯定矿地使用权，认为矿区用地与矿山企业用地统称为矿地，矿业权人有取得矿区土地的优先权。[①] 崔建远认为，"矿业权，简称矿权，是指探采人依法在已经登记的特定矿区或者工作区内勘查、开采一定的矿产资源，取得矿产品，并排除他人干涉的权利"。[②] 根据矿产资源以及矿业经营者的属性，矿业权还可被定义为"国有矿山企业、集体矿山企业以及个体采矿者等主体，依照法定程序在已经登记的特定矿区或者工作区内勘探、开采一定的国有矿产资源，取得矿产品，并排除他人干涉的权利"。其中，勘探一定的国有矿产资源，取得矿石标本、地质资料及其他信息的权利，叫作探矿权；开采一定的国有矿产资源，取得矿产品的权利，称为采矿权。从性质上讲，矿业权是准物权，矿业权的客体具有复合性，矿业权是具有公权性质的私权，矿业权在权利构成上具有复合性。

第三，矿业用地的取得、退回及调整和使用问题方面的学界观点。江平认为，矿区用地使用权随探矿权和采矿权的取得而取得。[③] 勘查许可证所附的以坐标标定的勘查工作区范围图所圈定的土地，即被视为探矿矿区用地。采矿许可证所附的具体标定的矿区范围图所圈定的土地，即被视为采矿矿区用地。矿区用地的取得，除露天开采的之外，一般无须另办专门手续。矿业用地，或称矿业建设用地，则须通过土地管理部门办理专门审批手续。崔建远认为，矿业用地使用权的取得有如下特点。矿区位于国有土地上时，采矿权人和相关管理部门办理土地使用权出让及登记手续，领取矿业用地使用权证，取得矿

---

① 江平主编《中国矿业权法律制度研究》，中国政法大学出版社，1991。
② 崔建远：《准物权研究》，法律出版社，2003。
③ 江平主编《中国矿业权法律制度研究》，中国政法大学出版社，1991。

业用地使用权。① 如果该宗土地为荒漠等非耕地，采矿权人又是国有矿山企业，矿业用地使用权通过行政划拨方式产生。如果该宗国有土地为耕地，矿业用地使用权通过出让方式取得的，采矿权人须支付矿业用地使用权出让金。勘探区位于集体所有土地上时，国家首先将该宗土地征为国有，然后由相关管理部门将该土地使用权出让给采矿权人，并自采矿权人处取得矿业用地使用权出让金。采矿权人取得矿业用地使用权后，便可占有、使用该宗土地。袭燕燕认为，按中国现有法律规定，当矿业权产生在国有土地上时，将矿业用地归于建设用地一类而适用于通过"出让"方式取得，当矿业权产生在集体所有土地上时，就得动用"征用"这一方式先把集体所有土地征为国有土地后再出让给矿业权人。② 随着中国矿业权制度、农村土地流转制度和征地制度改革进程的加快，矿业权主体呈现多样化趋势，"征用"这一方式的适用范围将严格限制在"公共利益性"范围内。矿业权的产生不可能再像过去那样统统强行排除土地使用权，由此导致矿业用地立法盲区，矿业权的行使得不到保障。实践中已出现矿业权人通过招标取得了矿业权却因得不到合法土地使用权而无法行使其权利的局面。针对这样的困境，在矿业用地取得中可以采用土地使用权的出让、租赁，以及设立和征收地役权包括公共地役权的方式取得；在取得过程中应当遵循公益性、战略性采矿用地优先取得原则；一般矿产采矿用地的取得依民法的一般规定加以规范，并遵循不兼容物权之间先成立者效力优先的一般原则，以及土地使用权的生态利益、战略利益原则。

第四，矿业用地退出的问题，如矿区土地的复垦、历史遗留的废弃矿山的治理方面的学界观点。对于矿地使用权与矿区土地复垦的关

---

① 崔建远：《准物权研究》，法律出版社，2003。
② 袭燕燕：《关于我国矿业用地取得制度构建的思考》，《中国国土资源经济》2004 年第12 期。

系，周进生认为，为解决中国矿区土地复垦率低的问题，应当明确矿地使用权的法律地位，明确矿区土地复垦投资与收益分配的关系，按照"总体规划、分类指导"的原则有序推进矿区土地复垦工作的开展。① 对于废弃矿山土地复垦，周进生认为，废弃矿山土地所有权和使用权混乱，使得废弃矿山土地复垦投资存在问题，应当在废弃矿山土地投资收益分配方面遵循市场分配规律，按照投入要素的贡献大小分配收益，以提高投资主体的积极性，从而促进土地复垦工作的顺利推进。

近年来，学界将研究视域扩展到空间领域，并取得了进展。康纪田和刘卫常认为，地下空间是矿业用地的主要对象，因此地下空间产权需要明确界定。② 他们认为，地表与地下整体利用的传统矿业用地方式，是地表资源闲置、产权界定不清、获地途径遇阻的制度性原因。按照发达国家的做法，让地下空间独立出来，设置排他性支配的地下矿业空间物权，是有效率的产权安排。同时，他们指出，进行地下矿业空间规划是土地立体性利用进程中促进未来矿业用地科学发展的基本手段，是根据土地利用的预定目标而对地表及其上和其下空间的未来利用进行的超前性安排。地下矿业空间规划可以纠正土地交易市场方面的失灵，是未来开发矿产与获取土地的一种带有公共政策属性的重要制度安排和导向。

此外，一些学者及课题组也从土地的差别化政策和矿业用地管理的角度对涉及矿业活动的用地政策调整提出了建议。如郑娟尔等提出，短期采矿用地的补偿标准可采取企业和农民自主谈判、政府提供指导价的方式，也可由政府制定统一的标准执行。③ 袁国华等就资源

---

① 周进生：《矿地使用权的取得与矿区土地复垦》，《国土资源》2004 年第 7 期。
② 康纪田、刘卫常：《地下矿业空间使用权制度研究》，《甘肃政法学院学报》2015 年第 4 期。
③ 郑娟尔、章岳峰、冯春涛、袁国华：《基于地租理论的短期矿业用地补偿标准研究》，《中国国土资源经济》2015 年第 8 期。

型城市土地利用差别化政策展开研究，提出对资源型城市实行分类引导、差别发展的原则，以明确各类城市的发展方向和重点任务。①

目前的研究存在的问题主要包括以下三个方面。

第一，现有的学术研究并未达到推动相关立法的效果。

现有的学术研究在矿业用地性质、矿业用地取得、矿业用地退出等方面取得了一些突出成绩。一些学者，如康纪田等近年来一直在探索矿业用地的立法方式，如地下矿业空间使用权制度、农村矿业用地多元获地方式、矿业地役权合同等。② 袁国华等提出了资源型城市土地利用差别化政策建议，认为要在提高利用效率基础上重点保障资源型城市转型的土地需求。③ 这些研究为解决中国的矿业用地法律制度问题提供了很多思路。但《矿产资源法》和《土地管理法》修改进程的缓进性表明，要想平衡资源产权和资源管理中相关的多重法律关系，仍然需要一套可以有效解决现实问题的完整思路。因此，对于矿业用地法律制度进行系统性研究并提出可行的解决方案十分必要。

第二，缺少从矿业可持续发展角度出发的用地需求考量。

矿业具有其产业特殊性和发展规律，这是制定矿业用地法律制度的基础。针对采矿用地临时用地改革问题展开的研究，如《矿业用地管理制度改革与创新》《地权细分及可实施性与采矿用地制度改革》《基于地租理论的短期矿业用地补偿标准研究》等文献，是从解决矿山企业用地的实际问题这一目的出发。这些研究虽然反映了矿业发展中的实际诉求，但并没有涵盖矿业涉及的用地制度的全部问题。从矿业可持续

① 袁国华、郑娟尔、王世虎：《资源型城市土地利用差别化政策研究》，《中国发展观察》2015 年第 7 期。
② 康纪田、刘卫常：《地下矿业空间使用权制度研究》，《甘肃政法学院学报》2015 年第 4 期；康纪田、刘卫红：《探索多元的农村矿业用地方式》，《华中农业大学学报》（社会科学版）2015 年第 1 期；康纪田：《矿业地役权合同理论及其适用》，《天津法学》2015 年第 1 期。
③ 袁国华、郑娟尔、王世虎：《资源型城市土地利用差别化政策研究》，《中国发展观察》2015 年第 7 期。

发展视角出发的系统性研究可以有效弥补原有研究的不足。因此，亟须开展基于矿业的从产业经济视角出发的矿业用地法律政策研究。

第三，现有研究没有将矿业发展用地需求与土地管理和环境管理结合起来统筹考虑。

现有研究没有将矿业发展带来的环境负外部性影响的解决与矿业用地法律制度联系起来。中国现行的与矿业发展形势不相匹配的用地制度影响了中国矿业的可持续发展。而中国矿业的可持续发展受到影响又会影响矿业对中国经济发展的保障能力。这就表明，兼顾土地的合理利用和保护以及建立资源环境承载力范围内的支持矿业可持续发展的用地制度是解决矿业用地法律难题的关键。因此，应当将矿业发展用地需求与土地管理和环境管理结合起来统筹考虑，进行矿业用地的法律制度研究。

三　矿业用地法律制度的改革探索

（一）管理中的改革试点

2005 年，国土资源部发布《关于对广西平果铝土矿采矿用地方式改革试点方案有关问题的批复》，使只转不征的矿业用地改革进入实施阶段。2010 年，国土资源部对广西平果铝土矿采矿用地方式改革试点成果进行验收，并进一步扩大采矿用地改革的试点。2010 年，国土资源部第 35 次部长办公会审议通过了《采矿用地方式改革扩大试点方案》，对广西平果铝土矿、山西朔州平朔露天煤矿、云南磷化露天磷矿以及内蒙古鄂尔多斯露天煤矿均开展采矿用地方式改革试点。

2013 年，国土资源部批准广西扩大采矿用地方式改革试点，同意广西在贺州市、柳州市、北海市、贵港市、玉林市、百色市、来宾市等地开展采矿用地方式改革试点，共有贺州市民田锰矿等 21 个矿区被列入改革试点，试点矿区总面积达 1425.64 公顷。

笔者认为，试点通过采取合理用地模式，解决了矿山企业用地难题，实现了合理开发与土地复垦并重，经济效益、社会效益与生态效益并重。

（二）立法的推动

根据《第十一届全国人民代表大会第一次会议关于国务院机构改革方案的决定》和《国务院关于机构设置的通知》（国发〔2008〕11号），国土资源部是国务院的重要组成部门，承担保护与合理利用土地资源、矿产资源、海洋资源等自然资源的责任，负责组织拟订矿产资源发展规划和战略，开展矿产资源经济形势分析，研究提出矿产资源供需总量平衡的政策建议，参与国家宏观经济运行、区域协调、城乡统筹的研究并拟订涉及矿产资源的调控政策和措施，编制并组织实施矿产资源规划，制定并组织实施矿产资源领域资源节约集约利用和循环经济的政策措施。2004年，国土资源部设定了关于《矿产资源法》修改的九大专题研究，矿业用地管理制度研究便是这九大专题研究项目之一，中国土地矿产法律事务中心具体承担了此项研究工作。2008年，时任国土资源部部长徐绍史同志明确指示，要加快《矿产资源法》的修改工作。时任国土资源部副部长汪民同志先后主持了多次专题会议，对《矿产资源法》修改的重大问题做了具体指导，要求厘清矿产资源管理过程中的经济关系与管理关系，做到专题研究与《矿产资源法》修改相结合，努力实现关键环节和重点问题的突破。2009年，中国土地矿产法律事务中心完成了《矿产资源法》中有关矿业用地章节的起草任务。2010年，中国土地矿产法律事务中心针对石油天然气设施用地政策专项研究递交了《关于进一步加强石油天然气设施用地管理的意见（建议稿）的起草》。2013年，中国土地矿产法律事务中心还受国土资源部调控和监测司委托，有针对性地开展了"统筹推进矿业用地差别化管理"政策研究工作。

（三）政策的先行

2019 年，自然资源部印发《关于探索利用市场化方式推进矿山生态修复的意见》（以下简称《意见》），引入多元治理机制，以解决矿山生态修复历史欠账多、现实矛盾多、投入不足等突出问题，加快推进矿山生态修复工程。《意见》主要包括据实核定矿区土地利用现状地类、强化国土空间规划管控和引领、鼓励矿山土地综合修复利用、实行差别化土地供应、盘活矿山存量建设用地、合理利用废弃矿山土石料、加强监督管理等 7 个方面。与 2005 年国土资源部出台的《关于对广西平果铝土矿采矿用地方式改革试点方案有关问题的批复》相比，《意见》是更具有普适性的规范性政策文件。《意见》更关注矿业用地的退出及矿山的修复，与先前的批复一起形成了较为完整的政策体系。《意见》的有效期为 5 年，为各省（区、市）制定规范性文件提供了指导依据。《意见》指出，各省（区、市）自然资源主管部门可结合当地实际，制定具体实施办法，体现了政策的灵活性。从《意见》中可以看出，矿业用地制度体系已不再是单纯关涉土地取得、利用、退出等问题，而是关涉矿业发展、生态环境、区域经济的系统性问题。寻找矿业用地制度体系中的着力点、短板和制约因素，构建健康的制度体系成为矿业用地问题研究中所应关注的重点。

第二章
理论基础和研究方法

为了解决矿业发展中的用地问题，本书从产业发展和法律实效的视角出发，展开对矿业用地制度体系的系统性研究。

任何一种制度的产生，都是一定经济基础之上的利益博弈的结果，是对当时的经济关系的反映及表述。这种制度应当随着经济基础的变化而进行调整，从而如实地对经济关系进行表述，而不产生失灵和滞后。针对中国矿业发展与土地法律制度之间的矛盾，如何寻找一条合理路径，平衡矿业发展与土地合理利用及保护之间的关系，从法律制度完善、产业政策制定、财税政策调整等方面发挥法律规制和政策引导的作用，确保矿业与其他产业的持续健康稳定发展，是法律制度完善及产业政策调整中需要解决的问题。具体到矿业用地问题上，矿产资源所有权权利束与土地所有权权利束作为两种平等的法律权利，如何更好地进行协调，就要求政府在制定和完善法律与进行宏观管理的过程中通过一定价值取向对两种法定权利进行调整，进而解决两种法定权利之间的冲突。因此，本书遵循矿业发展的规律、法学的基本理论，运用法学和经济学包括博弈论的分析方法展开研究。

第一节　理论基础

一　研究目的

研究对象决定了研究的逻辑和结构。本书针对中国的矿业用地法律制度和政策进行研究。笔者认为，矿业用地法律制度和政策并非孤立存在的，而是建立在矿业活动之上的。矿业是一种重要的基础性产业，矿产资源开发活动构成的矿产资源开发产业本身又是一种重要的经济活动和产业发展模式。鉴于此，面对当今复杂多变的国际政治经济形势，在中国特色社会主义道路的实践中，在经济新常态的大背景下，应对资源环境的束缚，基于产业可持续发展视域对矿业及矿业用地制度进行研究是必要的且具有实际意义。概括而言，本书以中国矿业的可持续发展为宗旨，以满足矿山企业合理的用地需求为目标，以保护相关土地权利人利益、构建和谐矿地关系、提高土地利用效率、减少矿业活动的负外部性为研究任务，以期为优化矿业用地的使用及监督管理提出有益建议。具体包括以下几个方面。

（一）丰富和完善矿山企业用地管理的理论基础

矿山企业用地管理中存在的问题及矿山企业用地管理试点改革所取得的成果都要求对于矿山企业用地管理理论及模式进行深入思考。中国社会主义市场经济体制机制已基本健全，政企分开的矿山企业改革业已基本完成。在社会主义市场经济体制下，矿山企业是矿产资源开发活动的主体，政府的经济管理应当结合矿山企业实际，充分尊重市场规律，发挥市场的决定性作用，完善政府的管理职能。应重视企业对于经济发展的作用，激发企业的能动性和主动性，使政府的管理符合经济发展的内在规律，进而更好地发挥政府的作用，促进经济社会的全面发展，实现法治的公平正义。

（二）完善矿业权人权益理论

对于一个矿山企业而言，产权清晰、权责分明、自主经营、自担风险、自负盈亏、自我约束是完善企业制度、促进企业健康发展的必然要求。土地和矿产资源都是矿山企业的重要生产要素，是矿山企业开展生产的前提和保障。对于取得采矿权的矿山企业而言，其有权开采矿产品，有权依法销售矿产品并获得相应的利润。然而，采矿权范围内土地的无法进入会导致采矿权的虚无。所以，如果要保护矿山企业合法的采矿权并使之行使不存在障碍，就必须将保障矿山企业土地的使用权纳入采矿权的保护范围之内，这样才能更好地实现公平与正义。矿业用地法律制度和政策的研究对于完善矿业权人权益意义重大。

（三）协调矿业用地使用与矿业用地复垦

矿业用地的复垦是矿业用地使用完毕需要退出时所必须做的事情。历史遗留问题及现有的工业用地管理制度导致了退出时的治理不力，容易引发系统性的生态环境问题。因而，解决矿山生态环境的恢复治理难题的本质是解决矿业活动的外部性问题。经济手段和市场方式可以使负外部性有效地内部化，因此，矿业用地制度应当与矿业用地复垦和矿山生态环境的恢复治理统一起来，借助市场和经济的方式予以系统解决。对于矿业用地法律制度和政策的研究有助于协调矿业用地使用与矿业用地复垦关系，解决矿山生态环境治理问题，因而意义重大。

（四）构建创新、协调、绿色、开放、共享的矿业用地法律制度政策体系

创新发展、协调发展、绿色发展、开放发展、共享发展已成为中国经济发展和社会进步的主旋律。生态环境治理已成为国家治理的重

要组成部分，因此更应当像保护眼睛一样保护好宝贵的资源和环境。矿业用地既具有一般土地资源的属性，又因与矿产资源的结合而具有特殊性，土地资源和矿产资源共同构成了当地的环境系统。构建创新、协调、绿色、开放、共享的矿业用地法律制度政策体系可以在矿产资源合理开发利用、土地资源合理开发利用以及生态环境保护治理上寻求一个平衡点，推动实现资源环境承载力范围内的产业可持续发展，增强满足经济发展需要的原材料与能源供应保障能力。同时，矿业活动对配套性产业和周边产业的需求、对劳动力的需求、对交通路网与供电设备等基础设施的需求，会给周边社区居民的生产生活带来积极影响。

（五）对矿区土地承载力评价方法的思考和完善

基于矿区土地利用发展情景技术，完善矿区土地承载力评价方法，使其符合国际标准和国内实际，具有数据可获得性、计算可行性及图像上的直观性。测算矿区土地承载力，可以观测到矿业活动区域的生态环境情况是否能够承载区域的发展，从而判断矿区土地是否处于可持续发展状态。这与绿色矿业建设、资源枯竭城市转型升级政策目标具有一致性。目前，这项技术仍存在许多需要完善的地方。本书根据国土资源部关于资源环境承载力的评价标准精神，对矿区土地承载力评价方法进行完善，以期为矿产资源规划和区域发展规划提供借鉴。

（六）为《矿产资源法》和《土地管理法》的修改提供思路

在《矿产资源法》的修改中有一项建议，即矿业用地专章入法。可见，矿业用地在矿业活动中的重要地位已经引起学界和政府的高度重视。从世界各国的立法经验来看，一些矿业发达国家，如巴西、澳大利亚的矿法中均有矿业用地的相关规定。[1] 而目前中国的《矿产资

---

[1]　何淼、郝举：《中国矿权使用费探析》，《资源与产业》2009 年第 6 期。

源法》和《土地管理法》的修改中对于矿业用地的立法态度并不明朗。在法治层面,无论是从矿山企业角度考量矿业用地使用权制度还是从政府角度考量矿业用地管理的法律制度和政策,均需要一定的理论支撑,以提出切实可行的关于矿业用地取得难、使用环节状况多及退出恢复治理责任弱化等一系列问题的解决方案。这些解决方案可为《矿产资源法》矿业用地一章的制定提供立法思路。

随着《土地管理法》的修改,土地整理的相关规定明确了地方各级人民政府的任务,也为矿山地质环境修复和土地复垦提供了有法可依的准则。对于矿业用地的退出和复垦,应激发多方能力,高效合理地完成所涉及的土地整理,形成国土空间的集约性利用,保障主体功能区划的切实实施,合理利用每一寸土地。对于可行的规划和制度安排值得从实践角度进行探索,并通过合理的流程予以完善,保证法律的切实可行。对绿色矿山建设、矿业经济区与区域经济发展的分析,为《矿产资源法》和《土地管理法》的进一步完善提供制度和技术层面的思路。

二 理论基础

(一)现代产权理论

罗纳德·科斯是现代产权理论的奠基者和主要代表,被西方经济学界认为是产权理论的创始人,他一生所致力考察的不是经济运行过程本身(这是正统微观经济学所研究的核心问题),而是经济运行背后的财产权利结构,即运行的制度基础。他的产权理论发端于对制度含义的界定,通过对产权的定义,对由此产生的成本及收益进行论述,从法律和经济的双重视角阐明了产权理论的基本内涵。科斯认为,在研究市场调整合法权利的问题时,假设市场交易成本为零,这种权利的调整只有通过市场进行才会导致产值增加。合法权利的初始界定会对经济制度的运行效率产生影响,与此同时要考虑进行市场交易的成本，只有调整后的产值增长高于它所带来的成本时，权利的调整才能进行。① 阿曼·阿尔钦在认同并推广科斯定理的基础上，提出了产权界定成本和产权的排他性、分割性、外部性，② 其与科斯均为现代产权经济学的创始人。产权的边界清晰可以鼓励人们进行生产和交换。产权界定的可操作性决定了产权的可执行性。因此，清晰合理的产权边界对于构建健康有序充满活力的经济秩序是至关重要的。在此基础之上的产权配置、产权交易和产权保护制度是遵循市场规律实现资源合理配置和高效利用的基石。

（二）经济治理理论

现代经济学在政府应当如何进行经济治理，是应当主动干预经济，还是不主动干预经济而只充当"守夜人"的问题上是有争论的，这些争论为政府的经济治理理论奠定了基础。亚当·斯密、让·巴蒂斯特·萨伊、大卫·李嘉图、托马斯·罗伯特·马尔萨斯、阿尔弗雷德·马歇尔等主张政府不干预经济运行，政府应仅承办市场和竞争所不能有效发挥作用的极少量的经济活动。③ 而后来的干预主义则认为政府应当主动干预经济。如德国历史学派的先驱——弗里德里希·李斯特认为，创造条件促进本国生产力发展是政府的一个重要职能。④ 国家政权力量的运用，目的不在于财富本身，而在于生产财富的能力，即生产力。为此，国家应采取诸如主动为工业发展提供有利条件的一系列提高生产力的措施。后来的新古典学派的保罗·萨缪尔森、威廉·诺德豪斯认为，政府的经济职能包括促进效率提高、保障宏观经济稳定。⑤ 约瑟夫·斯蒂格里兹为公共经济学的发展做出了巨大贡

---

① R. H. Coase, "The Problem of Social Cost," *Journal of Law and Economics* 31（1960）.
② 卢栎仁：《阿尔钦——科斯理论的推广者》，《产权导刊》2009 年第 11 期。
③ 曹永森：《政府干预经济基础理论与行为模式》，国家行政学院出版社，2012。
④ 〔德〕弗里德里希·李斯特：《政治经济学的国民体系》，陈万煦译，商务印书馆，1983。
⑤ 〔美〕保罗·萨缪尔森、威廉·诺德豪斯：《经济学》（第 19 版），萧琛译，商务印书馆，2013。

献。他认为政府应当发挥以下几个方面的作用：反垄断，提供纯公共物品，解决外部经济效益问题，补充不完善的市场，改进或者增加信息的供应，采取措施解决失业、通货膨胀和宏观经济失衡问题。① 土地资源在中国属于国有资源，也属于公共物品范畴，需要政府参与进行合理配置。因此，完善有关土地的经济治理理论，对于土地资源的合理高效利用意义重大。

（三）可持续发展理论

可持续发展理论是生态文明建设的指导理论之一。1987 年，世界环境与发展委员会（WCED）发表了一份题为《我们共同的未来》的报告，正式提出可持续发展（sustainable development）概念，即"可持续发展是指既满足当代人的需要，又不损害后代人满足需要的能力的发展"。可持续发展的思想已渗透到社会各个领域，成为国际社会的广泛共识。可持续发展观的核心思路是人与自然协调发展，其追求的目标是人口、资源与发展关系的协调，自然、经济、社会复合系统的健康、持续、稳定发展。简而言之，可持续发展亦即资源的可持续利用与人类幸福地永续生存。可持续发展理论是矿业用地制度最重要的理论基础之一，因为土地资源是人类永续生存最重要的资源之一，矿业活动对于土地资源的外部性影响始终是矿业用地制度中需要重点关注的一个问题。矿业用地制度的构建应当既满足矿业发展的需要又可使得矿业活动对于土地的影响可控，以保证土地资源的永续利用。

（四）产业生态理论

产业生态理论是对产业经济理论的进一步发展。一般认为，产业经济理论包括产业组织理论、产业结构理论及产业发展理论。

产业组织是指生产同一类产品的企业在同一市场上集合而成的

① 〔美〕约瑟夫·斯蒂格里兹：《政府经济学》，曾强、何志雄等译，春秋出版社，1988。

同一产业内各企业之间相互作用的关系结构，该关系结构决定了该产业内企业规模经济效益的实现与企业竞争活力的发挥之间的平衡。产业组织理论是现代产业经济学的重要组成部分，从哈佛学派的结构—行为—绩效（Structure - Conduct - Performance，SCP）理论到施蒂格勒、德姆塞茨、布罗曾、波斯纳等的芝加哥学派观点及鲍莫尔、帕恩查和韦利格等的可竞争市场理论，产业组织理论以价格理论为基础，通过对现代市场经济发展过程中产业内部企业之间竞争与垄断及规模经济的关系和矛盾展开分析，探讨产业组织模式及其变动对资源配置、市场秩序和经济效益的影响。[①] 以米瑟斯、哈耶克、里奇、阿门塔诺、罗斯巴德等为代表的新奥地利学派创设的产业组织学的行为流派则主张信息的不完全性、人的有限理性、消费者主权主义及私有制会影响生产效率，而社会福利的提高则源于生产效率的提升。这种以自由竞争和市场需求为基础的产业组织观在完善社会主义市场经济制度方面具有借鉴意义。信息的不完全性、消费者主权及人的有限理性要求政府在制定产业政策的过程中应确保由市场发挥决定性作用以及让政府更好地发挥宏观调控的作用。而在尊重市场作用的同时，要充分考虑到信息的重要性以及人们的行为对于决策的影响。

　　产业组织政策是指为了获取理想的市场效果由政府制定的干预市场结构和市场行为、调节企业间关系的公共政策。产业组织理论体系的创始人贝恩认为，产业组织的具体目标可以细化为6个方面：①企业应达到并有效利用规模经济，企业要有较高的开工率；②长期来看，各产业的平均资本利润率应该比较均等；③较快的技术进步，主要指技术和产品的开发、革新活动有效且比较充分；④销售费用较少；⑤产品的品种、质量和服务水平可以适应大众消费的需求；⑥可

---

　　① 　苏东水主编《产业经济学》（第三版），高等教育出版社，2010。

以有效利用自然资源。①

产业结构是指产业与产业之间的数量关系结构及技术经济联系方式。产业结构一般以产业关联和产业布局的形式变现。产业关联是指最终产品产业与生产这些最终产品所投入的中间产品产业之间以及这些中间产品产业本身之间的经济数量结构联系，是产业结构最主要的表现特征之一。产业布局是指一个国家或地区的产业生产力在一定范围内的空间分布和组合，产业布局是产业的空间结构，其合理与否将影响到该国家或地区经济优势的发挥及经济发展的速度。产业结构优化是产业结构调整的目标。

产业发展是指某单一产业从诞生到被淘汰或进一步更新的全过程及其对其他产业演变的影响过程。弗农于 1966 年提出产品生命周期理论后，生命周期理论得到了学界的认同。每个产业也都存在产业的生命周期，都有其产生、发展和衰退的过程。此外，产业的生命周期会存在明显的衰而不亡的特征，并且由于技术进步及市场需求变化，产业生命周期还会产生突变现象，衰退期的产业会再次焕发青春，显示成长期或成熟期的一些特征。一个国家在产业发展过程中会出现先导产业、新兴产业、主导产业、支柱产业和夕阳产业。产业转移和技术改造可以使夕阳产业重新焕发生机。产业发展是国民经济的进化基础，学界对于如何更好地实现产业发展提出了诸多理论，比较著名的有刘易斯的二元经济发展模式、罗斯托的经济发展阶段论，以及保罗·罗森斯坦·罗丹、纳克斯等提出的平衡增长理论与斯特里顿、赫希曼等提出的不平衡增长理论。反观世界的高增长高污染的快速工业化发展进程，构建人口与资源环境和谐的具有可持续性的经济发展模式是实现经济发展的最优选择。这就要求产业结构调整要倡导符合可持续发展要求的产业结构模式，通过产业结构的不断优化实现产业和

---

① 苏东水主编《产业经济学》（第二版），高等教育出版社，2010。

经济的可持续发展。

产业生态理论是对产业组织理论的完善和发展。在产业生态理论框架下，产业组织、产业结构和产业发展的内涵及外延都产生了一定程度的变化。产业生态理论将生态经济学中的物质能量、信息流动、地球生态系统关系考虑到经济生产活动中，建立了不同于传统经济学的利润最大、福利最优、帕累托均衡的计算方法，根据人类产业活动对自然环境的影响，建立了人类经济活动的生态系统效应估算模式。在人类活动是生态系统的重要组成部分这一观念的影响下，产业生态理论逐渐形成。

鲍尔丁认为，地球只是"茫茫太空中一艘小小的宇宙飞船"，人口和经济的无序增长迟早会使飞船内有限的资源耗尽，而生产和消费过程中排出的废料将使飞船受到污染，毒害飞船内的乘客，此时飞船会坠落，社会随之崩溃。为了避免这种悲剧，必须改变这种经济增长方式，要从"消耗型"转变为"生态型"，从"开环式"转变为"闭环式"。经济发展目标应以福利和实惠为主，而并非单纯地追求产量。鲍尔丁的宇宙飞船经济理论说明了人类活动与地球资源环境具有物质能量的交流关系，形成了循环经济思想的源头。德内拉·梅多斯等学者以整个世界为对象，研究了世界人口、工业发展、污染、粮食生产和资源消耗五种因素之间的变动与联系，其提出的增长极限论为正处于快速工业化进程中的世界各国敲响了警钟，因地球资源的有限，各国应共同改善全球管理才能摆脱人类困境。赫尔曼·E.戴利提出的稳态经济学从热力学第一定律、第二定律——物质和能量平衡、熵定律出发，应用服务、流量和存量三个基本概念来阐释稳态的内涵，认为生态系统与经济系统的交换过程是遵循物理学规律的物质与能量的交换过程，提出牺牲暂时的、必要的经济消耗以维持长期的、最大限度的社会福利。托宾和诺德豪斯提出了净经济福利指标，主张把都市中的污染等经济行为所产生的社会成本从 GDP 中扣除，并加上一直被忽略的家政活动等经济活动，将经济活动的生态环境影响呈现在国民经济核算体系中。诺德豪斯及其合作者建立了两个关于分析经济对气候变化影响的可计算的一般均衡模型——RICE 模型和 DICE 模型，计算出碳排放对于气候变暖的影响，为全球减排的经济和环境效益分析提供了难得的依据。

产业生态理论已从关注产业对于生态的影响扩展到同时关注技术、经济和商业关系等因素以推进产业与自然生态的融合。推动实现产业系统重组以及人类社会与地球生物圈层的和谐相处已成为产业生态理论的发展目标。在该目标下，资源的优化利用、形成闭合系统的物质循环并减少排放、对物质利用减量化、降低或消除对不可再生能源的依赖已成为产业组织结构性调整的新路径和产业发展的新策略。实现产业的绿色化、生态化已成为国家发展的重要战略。总结已有经典产业理论并融合运用产业生态理论的基本理念指导矿业发展具有重要的现实意义。

（五）生态经济理论

生态经济与产业经济的研究着力点有所不同，其目标在于破解人类发展中资源环境的约束问题。生态经济更接近地球科学研究的要旨，具有系统论的思想，而产业经济更多关注产业的发展状态，二者的有机结合更符合目前经济发展和生态环境保护的双重要求。生态经济理论可以认为是产业生态理论的延续和扩展，也可以认为是自成体系的基于生态学、着重考虑环境生物要素的理论体系。就笔者对生态经济的内涵理解而言，从宏观角度看，意味着接受绿色国民经济核算体系，将资源环境要素核算纳入国民经济核算，考虑资源和环境的价值，关注绿色化的国民财富。从中观角度看，意味着从系统论的角度接受产业的绿色化和生态化，形成亲环境的产业发展模式。从微观角度看，意味着对于企业经济活动的负外部性的考量与规制。以上三个层次的研究思路贯穿于本书的写作过程，具有重要的指导意义。

（六）法的价值理论

自由、公平、正义、利益等均是法的价值。具体到经济活动，法与利益的关系显得非常重要。法律背后是经济利益，故常说法律表述的是一定的经济关系。马克思主义法学理论是在吸收前人优秀理论成果的基础上形成的，它揭示了法的现象与法的本质之间的区别和联系。马克思主义揭示了本质是事物的内在联系，是决定客观事物存在的根据；现象则是事物的外在表现和外部联系，是本质的表现形式。法的现象是指依据经验、凭借直观的方式可以认识的法的外部联系的总和，是直观的感性对象，即法本身；法的本质则是深藏于法的现象背后以至于凭借直观的方法无法把握的法的内在联系，是人们对可感知的法的外部联系的真实本原的一种主观把握和理性抽象。法的本质表现为法的正式性及阶级性，而法的本质最终体现为法的物质制约性。法的内容受社会存在的制约，其最终也是由一定社会物质生活条件所决定。法是社会的组成部分，也是社会关系的反映；社会关系的核心是经济关系，经济关系的中心是生产关系；生产关系是由生产力决定的。生产力的不断发展变化，最终导致包括法律在内的整个社会的发展和变化。因此，一国的立法不是在创造法律，而是在表述法律，是将社会生活中客观存在的包括生产关系、阶级关系、亲属关系等在内的各种社会关系以及相应的社会规范、社会需要上升为国家的法律，并运用国家权威予以保护。因此，法的本质存在于国家意志、阶级意志与社会存在、社会物质条件之间的对立统一关系中。

（七）博弈论

博弈论（The Game Theory）在日本等国又称为游戏理论、对策论，最早出现在数学研究领域。中国自古以来就有博弈论的思想，田忌赛马就是运用博弈论来选择最优决策方案的成功案例。运用博弈论不仅可以获得对抗博弈情况下博弈参与方的最优行动策略，而且可以获得合作博弈参与方的最优行动策略及合作博弈产生的核。博弈论注重研究主体的交互性影响，符合现代经济学关注人们行为理论的研究理念，将博弈论方法应用于经济学，引起了现代经济学一系列的发展和突破。同时，现代博弈论也开始应用于法学、政治学、行政管理等社会科学的研究，为制定政策提供科学依据。

传统的西方经济学关注的焦点是稀缺资源的有效配置，而并未关注参与资源配置主体之间的信息及相互行动对资源配置产生的影响。实际情况是当存在利益冲突发生竞争时，竞争的结果不仅依赖于某个参与者的抉择，也依赖于竞争对手或其他参与者的抉择。由于竞争结果依赖于所有局中人的抉择，每个局中人都试图预测其他人的可能抉择，以确定自己的最佳对策。[①] 在矿业发展中始终存在矿业权人、地方政府、中央政府、土地权利人、社区民众等多方利益主体，对于矿业用地法律政策制定，应当考量相关利益主体之间的利益博弈和参与资源配置主体之间的相互行为及其对资源配置的影响，从而优化政策和法律的制定程序，实现资源的最优配置及经济效益、社会效益的最大化。

（八）新经济地理理论

克鲁格曼将生产的空间区位理论用于经济研究，对经济活动的区位选择和经济空间发展过程进行解释，并对区域与贸易给出了新的经济学解释。这种研究思路主要基于经济地理学的研究方法，并对传统经济地理学产业集聚理论进行发展，形成新经济地理理论。新经济地理理论对于城市规划、空间经济、区域联系等问题展开了广泛的、有针对性的研究，形成了符合人类与自然关系、运用比较优势促进贸易和区域发展的产业布局理论。根据克鲁格曼的研究结论，新经济地理理论对于区域经济和产业经济的研究方向指导可以

---

① 张维迎：《博弈论与信息经济学》，格致出版社、上海三联书店、上海人民出版社，2012。

概括为：在区位论的研究中，增加区位影响新要素，尤其是自然地理地形、自然资源、环境制约等要素的影响；在区域增长的研究中，加强对极化现象的研究；将微观经济活动主体与产业政策、宏观环境有机结合起来推动政策条件变量研究；注重国际和国内贸易、区际贸易对于区域经济社会的影响；等等。这些研究的新思路给本书的写作提供了框架性的指导，在此予以简明阐述。

第二节 研究内容和研究方法

一 主要研究内容

（一）基本概念的界定

1. 矿业

矿业是指以获取和利用矿产资源为目的的矿产资源开发行为所形成的同类行业的集合。本书中所指的矿业主要是指非油气矿业。

2. 矿业用地

《土地管理法》《矿产资源法》等法律及相关法规并没有给矿业用地下一个定义。《矿产资源法》规定探矿权人、采矿权人有使用土地的权利。根据矿业权人从事的矿业活动类型，矿业用地可以定义为矿业权人因勘查矿产和开采矿产的需要而使用的土地。

3. 产业发展

产业发展是指某一单一产业从诞生到被淘汰或进一步更新的全过程及其对其他产业演变的影响过程。产业发展与产业组织、产业结构、产业布局、产业关联之间具有内在关系，研究产业发展是为了说明经济增长与产业发展的关系并探究产业的可持续发展模式。

4. 临时用地

按照法律规定，临时用地是指工程建设施工和地质勘查需要临时使用的土地，同时也包括因工程需要而实施临时建筑和设施建设的土地，临时用地上的建（构）筑物到期后必须拆除并恢复土地原状。从临时用地的用途来看，它是相对于建造房屋、厂房、公益设施等永久性建（构）筑物用途而言的一种用地方式。

5. 矿地和谐

和谐是指对立事物之间在一定的条件下具有具体、动态、相对、辩证统一的关系，和谐也是不同事物之间相同相成、相辅相成、相反相成、互助合作、互利互惠、互促互补、共同发展的关系。矿地之间的和谐是指矿产资源的开发和土地及周围环境形成一种互利互惠的共生关系，从而在土地利用上实现对矿业发展土地需求的满足，又不会因为矿业的发展给土地和生态环境带来不可逆转性破坏的一种和谐关系。同时，矿业开发和当地社区发展形成一种互利互惠的关系，避免传统意义上"资源诅咒"现象的发生。

若要了解需为矿业供应多少土地，先要搞清矿业的发展情况、用地需求以及导致矿山企业用地难的法律制度层面的问题是什么，在此基础上对矿业用地法律制度和政策进行优化，提出完善中国矿业用地法律制度的具体思路。鉴于此，本书主要从土地在矿业发展中的地位及作用、中国矿业用地法律制度的现状及存在的问题、市场经济模式下矿业用地法律制度的优化，以及国土空间利用规划与矿产资源规划中的土地利用和土地复垦问题这几个方面来展开具体的研究。

（二）主要研究内容

1. 土地在矿业发展中的地位及作用

土地被称为财富之母，人类繁衍及文明的创造依赖于土地。对于经济活动而言，土地不仅是一种资源，更是一种重要的资产。因此，对于矿业的主体即矿山企业而言，土地既是生产资料、生产对象，同时也是企业的重要资产。矿山企业的经营活动不仅具有一般企业经营活动的共性，也具有个性，如所需土地资源区块的特定性、矿业景气的周期性、矿业活动对于土地资源的大量需求及矿业活动的周期性等。因此，土地不仅仅是矿山企业的重要资产，同时在一定情况下也可能成为矿山企业的包袱和发展制约因素。

2. 中国矿业用地法律制度的现状与存在的问题

中国实行的是所有权与用益物权并存的矿产资源和土地资源物权模式，矿产资源的所有权属于国家，而土地公有制则涵盖国有土地所有制和集体土地所有制两种所有制。这些模式的形成与中国的历史、文化、经济社会发展状况有着密不可分的关系，因而具有鲜明的中国特色。要系统性地解决中国矿业用地制度体系问题，必须以中国矿产资源和土地资源产权模式为基础进行分析，结合矿业的特殊性，找出中国矿业用地法律制度中存在的不足之处。

3. 市场经济模式下矿业用地法律制度的优化

矿业用地的取得是矿业用地得以使用的起点。取得矿业用地，需要解决两个问题，即矿业用地取得的方式及支付的对价。一般而言，土地购买和土地租用是土地取得的两种主要方式，后者更为常见。对于前者而言，土地取得的代价被称为地价；对于后者而言，土地取得的代价被称为租金。地租是随着有组织的土地利用和土地所有权与土地使用权的分离而产生的。任何社会只要存在土地的所有者和不占有土地的直接生产者，生产者在土地利用中的剩余产品为土地占有者所占有，就存在产生地租的经济基础。[①] 就中国矿业用地取得的实际情况及改革方向而言，应当注重市场，提高效率，优化矿业用地的取得方式。

---

① 董黎明、林坚编著《土地利用总体规划的思考与探索》，中国建筑工业出版社，2010。

对于矿业用地的利用附随于矿山企业经营活动。矿山企业经营活动结束后，矿山企业没有再继续使用矿业用地的必要，因而，应退出所使用的土地。这一过程被称为矿业用地的退出。矿业用地的退出应当遵循合理的路径，使矿山企业摆脱土地的包袱，使土地的合理有效利用得以再次实现。在矿业用地退出的过程中，矿山企业需要通过合理的土地利用方式及复垦恢复方式消除矿业活动造成的负外部性。

土地的国有性、矿业活动的特殊性包括矿业活动的负外部性，需要国家以土地的所有者和专门的监督管理者的身份介入矿业用地的管理。加之中国土地资源极其稀缺，使得国家在土地资源的投放和使用管理的过程中，必须做好规划，并进行监管。在新的经济形势下，矿业用地的改革，以及环境作为一种重要的要素资源在全社会受到重视，使得对矿业用地的监督管理变得更加重要，因而要不断创新监管的体制机制，使监督管理具有实效。

4. 国土空间利用规划与矿产资源规划中的土地利用和土地复垦问题

随着可持续发展理论的深化，可持续发展不只是人口、资源环境的可持续发展，更重要的是与人口资源环境相适宜的产业布局和产业发展。国土空间适宜性评价和国土空间承载力评价是产业项目可行性研究的重要组成部分，区域的土地利用/覆盖变化是预测区域人口、资源与产业可持续发展情况的重要可视化手段。综合运用技术手段、法律手段、行政手段可以科学评判矿山建设项目及采矿活动的适宜性、合法合规性，切实做到十分珍惜、合理利用每一寸土地，建设绿色、亲环境的矿山项目，解决历史遗留的废弃矿山治理问题。

二　研究方法和技术路线

矿业的资源禀赋性和矿业的诸多不同于一般工业产业的特殊性，

使得矿业具有独特的资源型经济特点，土地作为资源型经济所需投入的生产要素具有特殊性，应当结合资源型经济的特点具体研究矿业用地的特点及法律规定的矿业用地供地的保障方式、使用模式和退出模式。

据此，基于矿业发展视域，矿业用地制度体系的建立，首先是构建体现矿业用地供地、使用及退出的相对独立的制度体系。在厘清基础理论基础上，结合社会主义市场经济条件下矿业发展需求及矿山企业对于矿业用地的实际需求，通过矿业用地的合理配置、使用及管理，优化资源型经济体生产要素配置的结构和方式，提升要素配置效率和社会福利水平，实现社会的公平和正义。

传统法学研究方法多采用归纳分析法、文献分析法、比较分析法；传统经济学研究方法多采用规范分析法和实证分析法。经济学是从理性的角度对资源进行最优配置，而经济活动中人与人之间的法律行为同时也是经济行为，因此，在经济立法中，经济性的思考将会对法律应然实效和实然实效的统一发挥重要作用。经济法律制度可以通过运用经济学理论和方法进行分析，进而加以优化和完善。为此，结合法学和经济学的研究方法，本书的研究方法如下。

第一，通过调研法和文献分析法了解中国的矿山、矿城、矿业的发展情况以及中国的土地利用情况和矿业用地情况。具体包括：①通过实例分析法分析中国矿业用地状况及未来需求情况。②通过文献分析法及调研法了解中国目前的矿业用地取得、退出及变更等实际情况。③通过文献分析法及统计分析法总结中国近年来矿业发展趋势及对土地的需求状况。④通过比较分析法了解国外矿业用地法律制度的具体情况。

第二，分析中国现有的矿业用地法律制度中存在的问题。结合矿业发展的绿色指标体系需求，分析中国矿业用地制度所应追求的目标。结合中国现行矿产资源管理法律制度和土地管理法律制度及物权制度，界定矿业用地的概念，明晰矿业用地法律性质、法律特征和法律界定，分析矿业用地取得、利用与退出阶段中存在的法律问题及原因。

第三，以对中国矿业用地法律制度中存在问题的分析结果为基础，在系统目标的指导下，通过构建博弈模型进行法律博弈分析，寻找优化法律制度的方案。

第四，土地承载力测算与矿区土地利用变化研究。通过对中国主体功能区划中划定的重点开发区域的矿业发展情况进行定量指标数据分析，了解区域开发中矿业发展的实际情况，包括对于当地经济的贡献、生态环境的治理情况等，分析可能存在的问题和完善的路径。以其中的一个发展区域为例，通过遥感影像模拟，反映矿业经济对区域生态环境和区域发展的影响，结合经济指标，对区域产业和社会经济可持续发展提出政策建议。

第五，结合实地调研情况对中国矿业用地的具体问题进行补正。本书选取了笔者调研的具有典型代表性的三个案例，神华宁东煤炭基地、云南磷化集团和七台河老煤炭基地，这三个案例可以反映中国矿业和区域发展的典型情况，使研究结论可以较为准确、全面地反映中国矿业用地的实际情况。

在理论分析、实地调研、博弈分析、回归分析和遥感影像分析的基础上，笔者提出完善中国矿业用地制度体系和区域矿业发展的对策建议并对后续研究进行讨论和展望。

本书的技术路线如图 2 - 1 所示，具体包括提出问题、分析问题和解决问题三个研究阶段。每一阶段又细分为具体的研究目标，在每一个研究目标完成的基础上，得出研究结论并对后续研究进行展望。

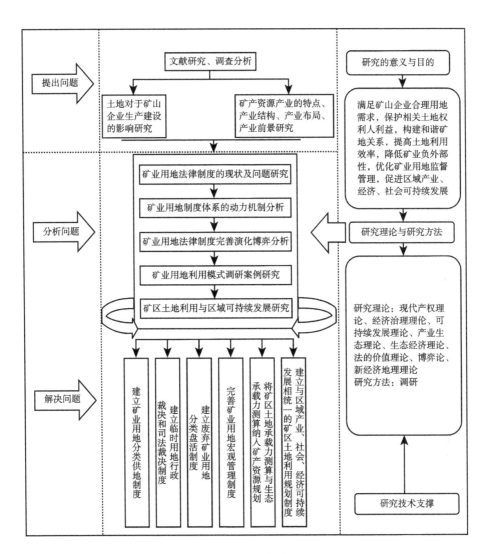

图 2-1 技术路线

第三章
国外矿业用地立法演进

第一节　国外矿业用地立法情况

从矿业发展与国民经济发展的关系来看，在工业化初期矿业发挥着重要作用，矿业发展会经历一个高峰期，并且矿业在国民经济中占据重要地位。随着工业化的完成，矿业仍是重要的基础性产业，但其发展会经历一个调整转型过程。因此，从世界范围来看，在矿业发展过程中，矿业立法、土地立法也会随经济社会状况的发展变化而有所变化。故本书以已经进入后工业化发展阶段的发达国家美国、正处于工业化进程中的新兴工业化国家巴西、发达国家中的矿业大国澳大利亚、对矿区土地和景观治理颇具实效的德国和日本等国的矿业用地立法为例展开分析，为研究的客观可比性提供依据。

一　美国

美国被称为世界矿业的中心，其本身也是重要的矿产资源生产消费国和贸易国，矿业在美国被认为是基础性产业。美国的矿业立法和土地立法始终处于一种密不可分的状态。笔者按照时间顺序对美国矿业立法进行梳理。

　　美国矿业发端于 18 世纪末开始的西进运动，最初的矿业法通过产权制度保障了采矿过程中矿业主对矿业用地的使用权利。在加利福尼亚淘金热中，美国政府采用经济自由主义政策管理矿业，政府极少参与管制，在产生了诸多问题后，矿业主为了维护自身的合法利益，借助制定规范来解决问题，后来这些规范成为 1866 年和 1872 年制定矿业法的重要参考。1866 年和 1872 年制定的矿业法确保了矿业主对土地和矿山等不动产的使用权，鼓励了人们对于矿山的投资热情。[1]

　　1776 年之后，除少数例外，矿业法的导向主要转向土地和矿产的私人所有制。[2] 矿业迅速发展，为美国经济繁荣提供了能源资源保障，奠定了物质基础，做出了重要贡献。之后受经济因素和环境因素影响，矿业法对于矿业及矿业用地的保护态度开始发生转变。

　　这一时期，美国出现了系统性的立法高潮，比如《铅矿出租法》、《矿产租让法》、《材料法》、《外大陆架土地法》、《深海底固体矿产资源法》、《采矿法》、《矿产转让法》、《建材矿业法》、《征收土地矿产法》、《露天采矿管理与复垦法》、《地下水保护法》、《环境保护法》、《国家采矿控制法》、《战略物资储备法》、《通用矿业法》、《多重矿产利用法》、《多重地表利用采矿法》、《联邦土地政策和管理法案》及《地表采矿管理与复垦法》（主要规范煤矿）等。多部法律的出台细化了矿业开发活动遵循的法律依据及矿业用地的使用依据，这些法律从性质上看是带有明显的政府管制色彩的典型市场经济立法。

　　从立法技术上，美国矿业法延续了英国的土地发展权思想，并在此基础上创立了土地可转移发展权制度[3]与国家购买土地发展权制

---

①　元兴：《〈美国矿业法〉的历史分析》，《矿产保护与利用》1992 年第 2 期。

②　元兴：《〈美国矿业法〉的历史分析》，《矿产保护与利用》1992 年第 2 期。

③　董黎明、林坚编著《土地利用总体规划的思考与探索》，中国建筑工业出版社，2010。

度①，这两种制度建立了以市场为主导的发展权移转模式。这种模式下，土地的所有者可以自主地决定土地的财产权是否要进行移转，并可以对土地的财产权进行分别移转。

系统性立法完成后，国家发展战略的调整进入对于矿业和土地立法的调整期。随着《寂静的春天》一书的出版，美国环境保护主义和生态主义日益抬头，环境法规的制定和完善使美国开始审视矿业开发带来的环境问题，在法律因素的影响下，很多矿山关停了。但后来随着经济再次进入高速增长周期，矿业生产对于美国经济的重要作用再次得以被重视，矿业政策转向寻求矿业生产经营与其他公共政策协调一致的发展方向。对此，一些学者认为，当时的矿业发展和森林保护、土地规划利用之间没有矛盾，美国矿业法实际上很好地维护了国家的整体利益。②

以下是笔者对美国的矿业管理和矿业用地取得情况的总结分析。

美国联邦政府和州政府是美国的行政管理机关。美国的公共土地上的矿业立法赋予了联邦政府行政管理权力。美国联邦政府下设的内政部是矿业权的主要执法机构，而土地管理局主要负责公共土地上矿业权的审批。

美国对矿业权实行分类管理，分为可标定矿产、可租让矿产、材料矿产三种。又将土地区分为公共土地和私有土地。因而，美国矿业用地法律制度因不同类别的矿业权和不同类型的土地所有制而异。

1872 年的《通用矿业法》、1920 年的《矿产租让法》、1947 年的《建材矿业法》、1953 年的《外大陆架土地法》和 1977 年的《露天采矿管理与复垦法》都是针对美国联邦土地上的矿产资源开发与利用。

---

① 刘明明：《土地发展权的域外考察及其带来的启示》，《行政与法》2008 年第 10 期。
② 元兴：《〈美国矿业法〉的历史分析》，《矿产保护与利用》1992 年第 2 期。

1872 年的《通用矿业法》的制定源于 1848 年美国加利福尼亚发现大量金矿产生的淘金热，美国在参照英国和欧洲其他国家立法的基础上加以制定。该法主要针对金、银、铅、铜、锌、钴等金属矿产的开采，其适用的范围为中西部的联邦公共土地，适用的矿种及矿区分布为呈脉状、块状、砂金状的金属矿区，适用的矿产为"可标定矿产"。

根据该法规定，只要发现矿产资源，就可在公共土地上自由地立杆标界，在地面上圈定范围，从而获得勘探或开发的权利。政府对开发者的唯一要求是，每年用于该地的开发费用不得少于 100 美元，矿产开采后不需要向政府缴纳租金和权利金。按每亩 2.5 美元的价格可获得土地所有权。

因此，根据 1872 年的《通用矿业法》，采矿申请人在获得美国内政部土地管理局的批准后，就享有该标定矿区的专利矿权，该矿脉就为采矿申请人（采矿标定者）所有，可以进行开采或转让。对于标定矿区所覆盖的土地，采矿申请人可以视之为私人财产。但如果标定矿区位于饲养牲畜的家宅土地上，则采矿申请人仅有矿产财产权并可以使用土地，但不享有包括土地抵押转让在内的其他土地权利。

但是，1954 年的《多重矿产利用法》及 1955 年的《多重地表利用采矿法》使得采矿申请人的采矿权利受到联邦保护性开采矿种的限制及利用土地的其他相关法律的限制。另外，1976 年的《联邦土地政策和管理法案》禁止使保留的多用途土地出现"不必要的或不适当的退化"，尽管采矿被推定为最佳使用。[①]

1920 年的《矿产租让法》适用于石油、天然气、煤炭、磷、钾、硫、沥青等沉积岩矿。该法案将价值高、面积大、人们争相开采的石油、天然气、煤炭、磷、钾、硫、沥青等矿产从《通用矿业法》中

---

① 魏铁军：《美国矿业法的演进》，《中国矿业》2005 年第 4 期。

划分出来，称为"可租让矿产"。该法案于1935年、1942年、1945年、1960年、1976年、1987年经过多次修改和完善。开采上述矿产的采矿申请人需要向美国内政部土地管理局和矿产开发局租用矿区以获得采矿权利，该采矿权利称为"采矿租约"。

开采者须根据采矿租约向国家缴纳权利金及土地租金。权利金按矿产品销售额的8.5%~12.5%的比例缴纳，土地租金按矿区面积缴纳，为每英亩1.5~2.0美元。1935年修订的法案将新的采矿租约分为竞争性租约和非竞争性租约。竞争性租约即对已知矿产地用竞标的方法出让矿权，中标的申请者缴纳标金（红利）后方可取得矿权；非竞争性租约即对未知矿产地设置优先租矿权，无须经过招标，其目的是鼓励矿产勘查，在发现矿产前国家收取5%的权利金，发现矿产后开采者向国家申请后便取得矿权，无须缴纳费用，只需在开采后缴纳租金和生产权利金。

为加强对煤炭的开发和管理，1976年美国国会通过了对《矿产租让法》中煤矿出租方式的修正案，规定对煤矿开发，不论是已知矿产还是未知矿产，一律以竞标的方式出让。

此外，1987年美国国会又通过了《矿产租让法》的另一修正案。其修改背景是，由于当时油气矿区的出租速度很快，政府来不及对已知矿区进行划定和评估而将其按未知矿区出租，使政府损失了本应得到的这部分已知矿区的标金（红利）。因此，在1987年的修正案中对陆地石油和天然气矿权均以"口头竞标"的方式出租，即"拍卖"，政府对油气矿区不再评估标底，大大节省了管理的人力和精力。

1947年通过的《建材矿业法》中涉及的矿产为材料矿或可售矿产。该法案主要针对的矿产为砂、石、浮石等。1872年的《通用矿业法》中规定，此类矿产可以免费采用及出售，但1947年的《建材矿业法》将此类矿产从《通用矿业法》中分离出来，规定对这些矿产采取标价出售的方法出让采矿权。采矿者通过政府销售或公共让渡的方式一次性买下矿权后，不再向政府缴纳租金和权利金。此外，由于1872年的《通用矿业法》中没有包括地热这一矿产，1970年的《地热法》中专门规定了对地热也采取与《矿产租让法案》中相类似的方法出租矿权。

美国会计总署报告指出，1872年的《通用矿业法》没有有效保护土地，而且采矿者没有为所采掘的矿产支付合理的费用，因此，1977年美国国会通过了《露天采矿管理与复垦法》，该法涉及煤矿的开采和土地复垦的相关规定，而关于私人土地上的矿产资源的开采，需与矿产资源所有权人协商。

因此，笔者认为，美国矿产和土地权益的关系有以下几种形态。

其一，通常情况下，地表资源和地下资源均属于同一所有者，这样的土地面积约占58%。对土地的所有者而言，土地的所有者的权益包括地下的矿产资源以及所建造的房屋。如果土地的所有者打算出售其房屋，按照"房地一体"原则，就会将土地的权益一同买卖，但土地的所有者对地下矿产资源则可以选择将其连同地表土地一起出售或者选择分开出售。土地的所有者也可以将自己已知或可能的资源出售给某人或某公司，也可以只出售某一类或者限定某一类中的某一种。这种交易通过签订出售地下资源契约的形式予以明确。矿产资源的所有权人有权利随时进行勘查、开发及占用部分土地，地表的所有权人有义务容忍矿产资源所有权人的开发及占用土地的行为。

土地的所有者可以选择出租自己的地下资源，即签订矿产资源租赁协议，基于此协议，资源的承租方就有权利进行勘查工作，在探明储量的基础上，可以签订出售地下资源的契约，如果矿产资源租赁协议期限届满而出售地下资源契约又没有签订，土地的所有者将继续享有地下资源的所有权。

如果是非固体类的地下资源，如石油、天然气，则采用权利金方式进行开发。在约定的时间内，油气公司向土地的所有权人缴纳权利金，取得采矿权，约定时间届满，地下资源仍归土地的所有权人。

其二，美国 28% 的土地（6.35 亿～6.40 亿英亩）为联邦政府所有，其中绝大部分分属于农业部林业局、国内资源部下属的国家公园管理局、土地管理局和鱼类及野生动物管理局。

其三，美国政府于 1916 年颁发的《畜牧业宅地法》加速了美国西部的农业开发，这也形成了美国西部各州超过 7000 万英亩私人所有但联邦政府保留地下矿产资源权利的土地。也就是说，联邦政府将土地出售给私人但保留了对地下矿产资源的权利，矿业公司想在这些土地上开矿，就需要遵守政府规定，申请许可证，而土地的所有权人有义务容忍开发带来的困扰。

20 世纪 70 年代开始，美国更加注重矿业带来的环境影响，以及矿业为美国人带来的福利。矿业带来的巨大收益并没有使社会整体福利有同质的增加，从而使人们对法律改革的兴趣重新燃起。1986 年，美国联邦政府出售一块 17000 英亩的公共土地收入 42000 美元，而购买者将该土地转让给一个大的石油公司获利 37000 万美元，[1] 后者是前者的 8800 多倍。1989 年，美国会计总署提出，采矿者为价值 1380 万美元至 4790 万美元的矿产支付了不到 4500 美元，[2] 随着靠近旅游胜地的土地价格的日益攀升，其附近登记为矿业用地的土地将不再用于矿业，应当取消各种采矿专利权。

曾有议员指出，美国现代立法中关于矿业开发的政策更注重环保与社会整体利益，这体现在权衡矿业发展和其他类型的土地利用形态上考虑得更为周详。

根据美国公共土地上的矿业立法，矿业被认为是公共土地的最高

---

① 魏铁军：《美国矿业法的演进》，《中国矿业》2003 年第 4 期。
② 魏铁军：《美国矿业法的演进》，《中国矿业》2005 年第 4 期。

和最好利用。因此，美国联邦土地部门给予矿业土地利用优先权——优先于娱乐、洁净水及狩猎用地。矿业改革法案旨在更加合理地在矿产资源和其他资源上寻求一个均衡点。如规定了矿山立项建议审查前的土地适宜性测试以及基于此的立项否决权：矿山立项建议审查前先进行一项土地适宜性测试，在新立法中对这种测试予以授权。政府机构必须审查矿区范围土地是否适合于矿产开发，保证重要资源价值不会引起重大的永久的损失。

1976 年，《联邦土地政策和管理法案》致力于建立公共土地政策，建立行政管理的指导原则，提供管理、保护、发展公共土地等目的。《硬岩区采矿与整治法》规定闭坑后要"恢复或缓解受采矿活动干扰的鱼类和野生动植物栖息地的状态"。

此外，美国现代立法中更为注重对于矿业活动的环境负外部性治理。采取的措施包括建立新的矿业环境标准、创立"闭坑矿山土地基金"及限定矿业进入的保护区域。

综上所述，从工业化发展的阶段来看，美国的矿业用地法律政策具有明显的阶段性特征。在工业化初期一般对于矿业和矿业用地政策较为宽松，甚至从立法上鼓励矿业的开发以拉动经济增长。随着高增长、高消耗、高污染的经济发展模式难以维系，环保主义、社会利益等呼声愈发强烈，政府对于矿业发展和矿业用地政策会考虑更多因素，但由于矿业在美国的重要地位，美国的矿业用地政策主张在产业发展和环境保护、社区和谐中寻求一条平衡路线。这种国家发展战略和政策的导向主导了美国立法价值取向的变化。以产业的生态化为导向，重视矿业活动的环境影响评价不仅是美国也是当今世界立法发展的趋势。

二 巴西

巴西宪法（1967）及巴西《矿业法典》（1967）规定，矿产资源由原先传统的土地的所有者所有的财产转变为不同于土地的财产，但为了平衡利益关系，巴西宪法规定了地产主享有参与矿山开采结果分成的权利。巴西的土地分为公共和私有两种形式，开采采取特许制，通常勘查人或者其继承人可以提出批准开采的申请，符合条件的成为开采特许的持有人，开采特许的持有人可以申请矿床的占有权。开采特许的持有人要想开展工作应当先行支付赔偿或支付占用土地的租金。在地产主的分成权利方面，巴西《矿业法典》规定，参与开采结果分成的权利仅适用于 1967 年 3 月 14 日以后颁布的特许矿山，权利价值相当于矿产统一税的 1/10，该参与开采结果分成的权利不可脱离不动产而进行转让或抵押，但地产主可以转让或抵押收取某些分期付款的权利及放弃参与权。

1997 年巴西对《矿业法典》进行修改，修改后的《矿业法典》，除了继续坚持 1967 年的宪法及《矿业法典》对于土地的所有者分享矿产开发的收益的权利，更加强调了矿业开发所带来的土地负面影响的控制和治理措施，贯彻"谁采矿、谁复垦"的原则。按照规定，对于采矿期间遭受破坏或影响的所有土地，采矿权人必须事先与有关地方主管部门签订复垦协议并且遵守该协议及时对采矿造成的环境破坏进行复垦。巴西《矿业法典》还建立保障土地复垦的监督机制即采矿权人每年提交的年度开采报告中要说明复垦工作的进展情况。巴西为了应对矿山企业破产时的土地复垦问题，正在建立矿山环境复垦基金，该基金应用于矿山企业破产时的土地复垦问题。此外，巴西《矿业法典》还对复垦标准和复垦验收的监督管理机构做出规定。

与此相呼应，同期的巴西环境立法也更加强调矿产开发的环境负面影响的预防和控制。环境立法规定从相关的州或联邦当局获得环境许可证是申请采矿许可证的前提条件。

而要想获得环境许可证需要经历环境影响论证和环境影响报告批准程序。在环境影响报告中需附有环境退化地区复原计划，提出恢复被破坏土地的总体设想。

　　立法规定由授权部门分三个阶段签发环境许可证，签发的环境许可证包括：工程初步规划阶段签发的前置许可证，批准安置工作开始后的阶段签发的安置许可证，批准包括议定的污染控制设备在内的工程全部进入运行状态的阶段签发的运行许可证。如果矿床位于其他需要申请许可证的区域，也须申请相应的许可证，如开垦森林许可证、使用地下水或地表水许可证、在特殊地区（如集水区）进行作业许可证等。

　　巴西严格的环境许可证管理制度在某些方面备受诟病。在此制度模式下，矿业开发的环境核查需要较长时间，一般会超过两年。并且，在上述的三个阶段中，授权部门遇到需补充更多信息的情况有权延缓或拒绝签发许可证，致使工程进展缓慢。虽然巴西对采矿权的期限没有限制，但是环境许可证管理制度会制约采矿工作的开展，造成资源开发效率低下。此外，地方管理部门多存在人员缺乏和资金不足的问题，会使项目延期情况变得更加突出。

　　综观巴西的立法，其法律制度设计既保证了巴西优先发展矿业的战略，又较好地解决了历史遗留的采矿权人与土地权利人的利益分配问题，并为可能发生的纠纷制定了详尽的法律规则，从制度上推动了巴西矿业的健康发展。详细可行的土地复垦规定和分阶段的环境许可证管理制度也为解决矿业开发的外部性影响指明了可行的路径，虽然申请环境许可证的时间过长问题受到了批评，但总体来看，矿地关系的和谐发展有力地促进了巴西矿业大国战略的实现。

三　澳大利亚

　　澳大利亚政府视工矿业为经济的支柱产业。澳大利亚是英联邦国家，由新南威尔士州、昆士兰州、南澳大利亚州、塔斯马尼亚州、维多利亚州、西澳大利亚州等六个州及澳大利亚首都领地和北领地等两个地区组成。根据 1986 年英国议会通过的《与澳大利亚关系法》，澳大利亚获得完全立法权和司法终审权。而澳大利亚先前的立法则需要通过联合王国议会行使对澳大利亚的立法权。《与澳大利亚关系法》也确认了联邦立法权和州立法权的范围，根据此法及相关法规，澳大利亚的矿产资源实行联邦政府和州（领地）政府分权管理。根据 1946 年的《核能（材料控制）法》，铀矿归澳大利亚联邦政府所有，由联邦政府立法。1953 年的《核能法》取代 1946 年的《核能（材料控制）法》并沿用至今，该法案仍然重申了铀矿的联邦所有权。然而，受 1978 年的《北领地自治法》等立法的影响，在北领地铀矿开发的法律框架中，联邦立法和北领地立法将共同发生作用。根据 1994 年的《海上矿产法》，联邦政府拥有离岸三海里以外的海上矿产和石油资源，负责日常管理，制定标准并收取海上石油特许开发使用费，以及实施与《公司法》和《原住民土地权法》有关的矿产资源事务管理。此外，根据 1999 年的《环境保护和生物多样性保护法》，澳大利亚联邦政府有权对那些可能造成重大环境影响的活动进行环境评估和审批。相应地，各州和各地区则管理各自司法管辖区内的矿业活动，涉及土地产权、矿山运营情况、矿山安全与环境问题、权利金和税费征缴等。各州和各地区针对矿业活动制定了本地的政策法规，但从法律原则来看总体上具有一致性。在矿业活动与土地的关系方面，澳大利亚实行了土地与矿产分别所有制。澳大利亚土地除少数是原住民保留地以外，均为英女王所有，即国家所有。国家以出租的方式，将土地出租给居民，出租方式繁多，最多时有 100 多种。使用者对土地的持有方式大体分为两种，一种是自由持有，另一种是承租者持有。自由持有的含义是不受时间和条件限制的持有及继承权，承租者持有指的是有限制的出租。[①]各州的立法也进一步承认并明确了国有土地和使用者持有土地的界线。澳大

---

① 裴燕燕、李晓妹：《澳大利亚土地登记制度》，《国土资源》2003 年第 11 期。

利亚的矿产资源所有形式也较为复杂，分为国家所有、私人所有、部分国家所有、部分私人所有。

因此，除涉及铀矿与离岸三海里以外的海上矿产和石油资源的土地利用外，矿业活动中所涉及的土地相关规定主要见于各州的立法。以下主要以新南威尔士州立法并参照其他州的立法为例进行分析。

澳大利亚新南威尔士州《矿业法》（1992）规定探矿和采矿活动都应该获得许可证明。该法规定了五种矿业权利证明：勘探许可证、评估租约、采矿租约、矿产请求权、蛋白石普查许可证。勘探许可证和评估租约的持证人有权勘查勘探许可证中所涉及的矿产，但这并不代表持证人有权进入勘探许可证中所涉及的区域中的任何土地，要想开展勘查活动还需要获得进入协议。采矿租约的授予需要根据《环境规划和评估法》（1979）先行取得生效的适合土地发展的同意意见。采矿租约权利人开展与地下采矿租约相关的地面活动还应当得到土地持有人（土地持有当局）或有效的矿产请求权人的同意。矿产请求权和蛋白石普查许可证需要通过小规模的进入管理计划来获取。此外，该法还规定了进入协议的争议仲裁机制，对土地影响的补偿制度。

新南威尔士州《矿业法》（1992）还涉及对土地用途的一些规定，如被授予勘探许可证的土地必须符合相关形状和尺寸的规定。该法还涉及在一些地块行使矿业权的限制，如采矿租约不能在距离住宅200米的范围内行使权利，以及不能在距离庭院50米的范围内行使权利。

在解决矿业勘查活动的环境负外部性问题方面，勘探许可证附有严格的条件，要求持证者必须修复其勘查活动造成的环境影响。立法还设计了抵押金制度，以防止持证者不能尽责。此外，按照1999年的《环境保护和生物多样性保护法》的规定，澳大利亚联邦政府有权对那些可能造成重大环境影响的活动进行环境评估和审批。该法规定的具有全国意义的环境事件涉及海洋环境、受保护的世界遗产、国家遗产、加入《拉姆萨尔公约》的湿地、国家濒危物种、迁徙物种、涉核活动等。如果涉及上述内容，就必须经过澳大利亚联邦政府环境部批准才能开展矿业活动。在解决采矿活动的环境负外部性问题方面，矿业权人需要缴纳抵押金，尽量将开采期间和开采以后对环境的影响控制到最低程度并能进行修复。抵押金的数额可以反映修复这一区域所需的费用。矿山企业均要依法编制矿山环境保护和关闭规划，将环境保护和生态恢复放在重要位置。澳大利亚还设立了"矿山关闭基金"，该项基金主要来源于矿山企业的上缴，用于矿山关闭后的生态恢复、设施拆除、产业转型等。如果企业按照标准完成了闭坑的相关工作，上缴基金将被返还。

由此可以看出，澳大利亚的法律更加注重对于私人权利和社区利益的保护，注重合约的效力。此外，在环境治理和土地用途的恢复方面所采用的抵押金制度也是十分有效的。澳大利亚矿业立法的目的是鼓励和便利矿产资源的勘探和开发，支持生态可持续发展。澳大利亚联邦政府在矿业政策中指出，自20世纪90年代以来，采矿工业面临两个重大挑战：第一个挑战属于政策与行动领域，第二个挑战是需要紧紧把握采矿工业的生态承受发展能力。在政策与行动领域，获取土地成为最关键的问题，但也是最复杂的问题。它牵扯到自然资源保护者、采矿业、当地居民乃至整个社会的利益。从澳大利亚的立法来看，围绕获取土地的分歧还没有获得答案，但其围绕把握采矿工业生态承载发展力方面的与采矿和土地利用相关的限制以及环境保护措施等具有一定的借鉴价值。

四　其他国家的矿业用地立法和管理

德国的矿山地质环境恢复治理理念经历了从以经济利用为主的恢

复治理指导思想到以土地复垦和景观构造为主的可持续发展理念的发展变化历程。德国《矿产资源法》《联邦矿业法》将矿山地质环境恢复治理（矿区生态景观重建）视为与矿产勘查、开发同等重要的环节。德国的《规划法》和《联邦自然保护法》对于指导矿区生态重建发挥指导性作用。矿山企业应当对矿区重建负责，在矿山建设前，编制企业规划，并交上级主管部门审批。在开采过程中，通过科学管理和技术支持，保证企业规划的落实。

有"矿产资源博物馆"之称的日本建立了矿产资源的全球战略储备机制以满足本国对于矿产资源的需求。日本以"建立低环境负荷、可持续发展的社会""享受和继承环境的恩惠""积极推进国际协调框架下的地球环境保护"三大基本理念为基础的《环境基本法》，强化了企业责任，提升了公民意识，加强了教育和舆论监督，扭转了"高投入、高耗能、低效益的粗放型增长"模式，成功转型"低投入、高产出、高效益"的高质量发展路径。

第二节 国外矿业用地立法演进特点与启示

一 国外矿业用地立法演进比较分析

通过归纳和分析文献并对各国的立法情况加以研究，结合法理的基本原理和矿业发展的基本规律，本节将国外矿业用地立法演进特点归纳为以下两个方面。

第一，体现了两大法系的差异及融合。

总而言之，将美国及世界其他国家的立法历程与中国矿业用地的立法历程进行比较，可以看出中国矿业用地立法改革的趋势是否符合世界经济发展的客观规律及立法的一些阶段性规律。因此，笔者初步认为，未来中国矿业用地立法完善的路径也应当是保障矿业的基础性地位，并在资源环境承载力范围内在矿产资源的合理开发过程中寻找一条协调环境、资源、经济、社区和企业发展的可持续发展道路。

第二，体现了矿业用地立法中的经济价值取向变化。

美国等主要矿业大国的立法演进，关于矿业的特许经营和环境保护政策的变化，体现了从倚重矿业发展经济到逐渐重视矿业活动对土地和生态环境的影响，通过技术手段减少和消除环境的负外部性影响的经济立法价值取向的变化，体现了法的精神中由个体权利价值取向为主向社会权利价值取向为主的转变。这一历程和变化对中国矿业发展的政策制定和相关立法调整具有重要的借鉴意义。

二　对中国矿业用地立法和管理的启示

通过对国外立法的文献分析，可以得到以下启示。这些启示将在后文针对中国实际情况的分析中得到进一步的甄别和印证，并为结论和政策建议的提出提供了较为客观的依据。

启示一：立法与时代发展的主旨和精神相一致。

启示二：注重矿业发展与社区的相互关系成为现代矿业立法的主流。

启示三：注重矿业发展中的环境负外部性影响并予以减轻和消除成为现代矿业立法的主流。

第四章
中国矿业发展和矿业用地
立法演进

第一节 中国土地资源和矿业用地立法情况

一 中国土地资源立法情况

作为国家根本大法的宪法确立了中国土地公有制的基本制度，针对中国土地资源的实际情况，提出了十分珍惜、合理利用每一寸土地和切实保护耕地的基本国策。土地公有制具体分为国家所有制和集体所有制。国家所有的土地包括城市的土地以及法律规定的属于国家所有的农村和城市郊区的土地；集体所有的土地包括农村和城市郊区的土地，宅基地、自留地、自留山也属于集体所有。宪法同时确立了土地使用权的依法转让制度和土地的合理利用制度。根据宪法制定的《土地管理法》《物权法》《城乡规划法》《水土保持法》对于土地的权属、土地的依法流转、土地的合理利用和保护做出了具体的规定。这些规定体现了作为国之基础的社会主义土地公有制的基本原则，体现了保护土地产权的基本原则，体现了统一管理全国土地的基本原则，体现了珍惜土地、合理利用土地和保护土地的基本原则，体现了坚持科学规划、因地制宜和合理利用的原则，体现了坚持土地利用的经济、社会和生态效益相统一的原则。根据上述基本法律，中国形成了土地规划制度、土地用途管制制度、土地复垦制度、水土保持和生态修复制度、土地所有权保护制度、土地物权保护制度以及土地流转制度。国务院及国务院授权主管国土资源的主管部门代表国家就土地管理的具体问题制定相应的行政规章及部门规章，地方人大与地方政府根据本地区贯彻落实法律法规和规章制度的实际需要制定地区范围内地方法规和地方行政规章。根据国家经济社会发展需要进行的土地改革形成的政策也构成中国土地法律政策体系的组成部分，并且这些政策是中国土地立法改革的方向，对于中国的土地立法具有指导作用。目前，对中国土地立法改革产生深远影响的两个重要文件是《中共中央关于全面深化改革若干重大问题的决定》和《国务院关于深化改革严格土地管理的决定》。这两个文件指出了中国今后一段时期的土地改革的方向。图 4-1 为笔者整理的中国土地资源法律政策制度体系。

中国土地管理的基本法《土地管理法》规定了中国的土地管理基本制度，是中国土地管理中遵循的基本准则。中国土地管理制度中涉及矿业用地管理的制度主要包括国家基本国策、用途管制制度、耕地保护制度、建设用地制度等（见表 4-1）。

2017 年 9 月 14 日，时任国土资源部部长、国家土地总督察姜大明同志在中央党校的第 2 期市地党政主要领导干部任职培训班授课时指出："与我国社会主义初级阶段基本国情和中国特色社会主义经济体制基本适应的中国特色土地制度框架已经形成。同时，土地制度作为一项基础性、全局性制度，在全面深化改革进程中，不断丰富完

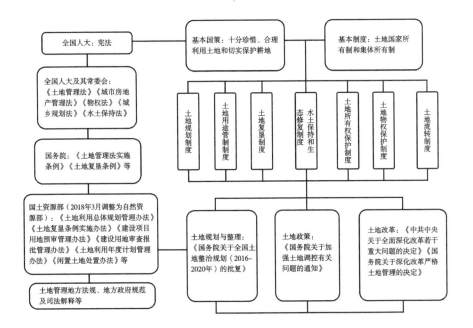

图 4 - 1　中国土地资源法律政策制度体系

善、改革创新。"新形势下，要完善土地利用规划实施机制，健全耕地保护机制，推进土地供给侧结构性改革，完善城乡土地产权制度。另外，从改革的方向看，要建立城乡统一建设用地市场，深化土地产权制度建设，建立健全国土空间用途管制制度，改革自然资源管理体制。

表 4 - 1　中国土地管理制度中涉及矿业用地管理的制度

序号	制度名称	主要内容
1	国家基本国策	十分珍惜、合理利用每一寸土地和切实保护耕地
2	用途管制制度	国家编制土地利用总体规划，规定土地用途，将土地分为农用地、建设用地和未利用地，严格限制农用地转为建设用地，控制建设用地总量，对耕地实行特殊保护。使用土地的单位和个人必须严格按照土地利用总体规划确定的用途使用土地

序号	制度名称	主要内容
3	耕地保护制度	国家保护耕地,严格控制耕地转为非耕地。国家实行占用耕地补偿制度。因挖损、塌陷、压占等造成土地破坏,用地单位和个人应当按照国家有关规定负责复垦
4	建设用地制度	建设占用土地,涉及农用地转为建设用地的,应当办理农用地转用审批手续

中国土地资源法律政策的改革正朝着以下方向推进:对土地的用途、布局、产出率进行优化配置,增加土地利用面积,提高土地利用效率,进行土地确权、土地使用制度改革、土地管理制度改革,完善国家宏观管理,推进国家治理体系和治理能力的现代化。这一改革的目标和动力在于通过明晰产权,促进土地资源的合理高效利用,健全国土空间开发、资源节约利用、生态环境保护的体制机制,推动形成人与自然和谐发展的现代化建设新格局,满足"五位一体"的发展理念需要,最终服务于中国特色社会主义制度发展的客观要求。

二 中国矿业用地立法情况

与土地立法相同,宪法中规定矿藏属于自然资源,属于国家所有即全民所有,国家保障矿藏等自然资源的合理利用;《物权法》也规定了矿藏属于国家所有,由国务院代表国家行使所有权。为了发展矿业,加强矿产资源的勘查、开发利用和保护工作,根据宪法制定的《矿产资源法》成为中国矿业发展的主体法。以宪法为根本,以《物权法》《矿产资源法》为主,辅之以配套法规和规范性法律文件,构成了中国矿业立法体系。

《矿产资源法》和《矿产资源法实施细则》规定了矿产资源为国家所有,由国务院行使国家对矿产资源的所有权。国家保障矿产资源的合理开发利用。《矿产资源勘查区块登记管理办法》规定,勘查相应种类的矿产资源由国务院地质矿产主管部门或者省、自治区、直辖市人民政府地质矿产主管部门审批登记。《矿产资源开采登记管理办法》规定，开采相应种类的矿产资源由国务院地质矿产主管部门或者省、自治区、直辖市人民政府地质矿产主管部门审批登记。勘查、开采中如果涉及石油、天然气矿产，还需要国务院指定的机关审查同意后方可履行审批登记手续。国务院分别于 2005 年、2011 年发布了《国务院关于促进煤炭工业健康发展的若干意见》《国务院关于促进稀土行业持续健康发展的若干意见》等文件，对优势矿产、重要矿产、大宗矿产的勘查开发行为予以规范。国土资源部也发布了大量的部门规章和规范性文件、解释及函复等，具体规范矿产资源的勘查和开采活动，实施矿政管理，依法保障合理有序的开发利用。总体而言，中国矿产资源法律政策制度已经形成了包括矿产资源所有权及产权制度、矿产资源税费制度、矿产资源规划制度、矿产资源勘查制度、矿产资源储量管理制度、矿产资源调查评价制度、矿产资源开发利用制度、矿山环境保护和修复治理制度、地质资料汇交及管理制度、矿产资源监督管理制度在内的相对完整的法律政策制度体系（见图 4 - 2）。

　　新中国成立以来工业体系重建发展及改革开放 40 余年经济高速增长中矿业粗放开发所积累的资源低效利用、环境负外部性问题日益暴露，中国大宗矿产资源的保障能力出现重大缺口，工业化进程中生态环境问题越发凸显，调整经济结构、转变经济发展方式已成为社会共识，中国的矿产资源法律政策也在根据经济社会环境发展的需求不断地进行调整，不断地向资源节约型、环境友好型的新发展模式转变。矿产资源管理中的简政放权、国有企业改制、政企分开及地质勘查单位改革使得矿政管理更加符合市场经济发展的需求；整顿开发利用秩序，打击非法采矿、越界采矿等破坏矿产资源的违法行为，肃清矿产资源的开发乱象，矿产的资源资产化管理有力地保护了国家的矿产资

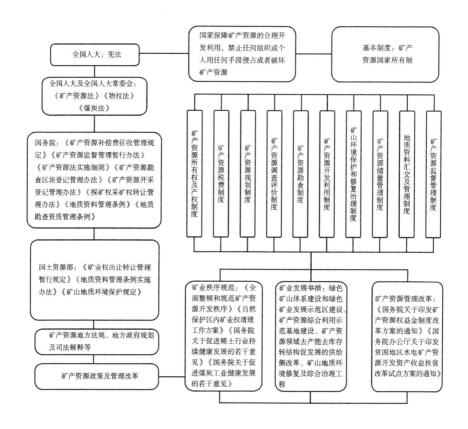

图4-2　中国矿产资源法律政策制度体系

源所有权及矿业权；绿色开采模式的探索、矿产资源综合利用示范基地建设、矿产资源领域去产能去库存转结构促发展的供给侧改革等系列措施，提高了矿产资源的利用效率和矿产资源的经济价值，促进了矿产资源的集约节约利用和矿业的健康发展；自然保护区内矿业权的清退、绿色矿山体系建设和绿色矿业发展示范区建设、矿山地质环境修复和综合治理工程实施、贫困地区水电矿产资源开发资产收益扶贫改革试点开展等有效缓解了矿业开发的环境负外部性影响，协调了矿业开发与生态环境保护、矿业开发与当地社区发展之间的关系。这些措施表明，随着矿产资源法律政策的不断完善，中国矿产资源勘查和开发利用活动可以在法治的框架下朝着经济社会环境全面协调可持续方向健康发展。

第二节 矿业用地立法的经济基础分析

一 矿业现状和发展

第一，中国从成矿地质条件及发现的矿藏规模来看属于资源大国，但从人均拥有量和经济发展条件以及外部发展环境来看属于资源小国，矿产资源保障能力的形势并不乐观，这是中国矿产资源的现状。

中国位于亚欧板块东南缘，亚欧板块与太平洋板块和印度洋板块相邻，复杂的地质构造孕育了中国丰富的矿产资源。从成矿构造角度看，中国位于海西、环太平洋、特提斯三大世界成矿带集聚区，矿产资源总量丰富、品种齐全。新中国成立以来，已发现矿产 171 种，矿床和矿点 20 多万处，其中探明储量的矿产 159 种，是探明储量矿种最多的国家。从世界范围看，中国在已探明的矿产资源总量方面具有优势。中国已探明的矿产资源总量约占世界的 12%，位居世界第三，20 多种矿产资源的探明储量位居世界前列。但鉴于中国巨大的人口基数，中国人均矿产资源拥有量以世界平均水平来看相对落后，仅为世界人均拥有量的 58%。新中国成立伊始，经济发展需求推动着矿业的快速发展，短时间内中国矿区已达 2.1 万处，矿产资源勘查开发业迅速兴起并快速发展。矿业为中国的"四化"提供了能源和物质原材料。

然而，随着经济的发展尤其是改革开放 40 余年来经济的高速增长，中国的大宗矿产资源出现短缺势头。重要能源如石油、天然气人均探明储量只相当于世界平均水平的 7%、8%，铝土矿、铜矿、铁矿人均探明储量只相当于世界平均水平的 14%、28%、35%。从 2015 年中国大宗矿产资源储量及产量情况来看（见图 4-3），中国大宗矿产资源中储量较多的是煤炭和天然气，其他均相对较少，然而各种大宗矿产产量相对于储量的比例并不低，尤其是石油、天然气、铜等矿产占比均超过 10%。中国大宗矿产的资源保障能力依然堪忧，即使是储量相对丰富的煤炭资源，2014 年，中国煤炭资源的一次能源自给率仅为 84.5%。[1]

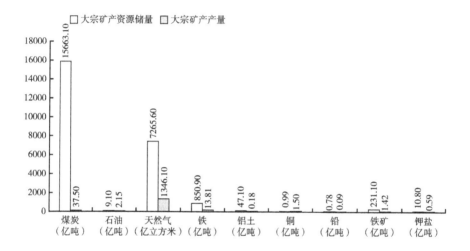

图 4-3　2015 年中国大宗矿产资源储量及产量情况

资料来源：《2016 年中国国土资源公报》《2015 年全国非油气矿产资源开发利用统计年报》。

在经济发展对大宗矿产资源的需求超过矿产资源自给能力的严峻形势下，中国矿产资源还存在矿产资源优劣矿并存、贫矿多富矿少、共伴生矿多单一矿床少、中小型矿床多大型超大型矿床少、难选难冶矿多等资源禀赋的客观约束。这种资源禀赋状况决定了中国矿产资源优劣势并存、矿产资源开发利用总体而言难度较高的复杂

---

① 中华人民共和国国土资源部编《中国矿产资源报告 2015》，地质出版社，2015

情况。并且，复杂多变的外部发展环境使得中国矿业的"走出去"和全球布局困难重重。据此，中国矿业既要不断寻找新的矿产资源储备和接替资源，又要在开发过程中根据矿产资源禀赋和国内国际形势的变化灵活调整，既要考虑自身需求，又要考虑出口及进口需求，实现均衡发展，既要立足国内，加大勘查力度形成合理有序的开发利用，又要加快海外资源寻找力度，融入全球矿业治理的新格局。

第二，矿业在国民经济分类中属于第二产业，是国民经济的基础性产业，无论是过去、现在还是可预期的未来，经济和社会发展对于矿业都具有强烈的依赖性。

中国的现代矿业发端于清末洋务运动，但受近代列强掠夺以及多年战乱的影响，矿山被严重破坏，矿业陷入瘫痪。新中国成立后，面对百废待兴的建设大局，面对工业体系初步形成所需的原材料和能源保障，原有矿山的恢复及新矿山的扩建迫在眉睫。1949～1952年，中国的原有矿山绝大部分完成了恢复工作，此后的25年间，新探明的储量以及陆续建设的新矿山为中国的矿业发展打下了坚实基础。计划经济时期，矿业为中国工业体系的初步建立提供了物质基础和能量来源，作为国民经济的基础性产业，矿业在经济发展中扮演着举足轻重的角色。1953～1978年，中国的主要矿产品产量大幅增长。1978年，中国原煤产量达6.18亿吨，是1949年的19倍；原油产量达10405万吨，是1949年的867倍；铁矿石产量达11779万吨，是1949年的199倍；10种有色金属产量达95.24万吨，是1949年的73.26倍；黄金产量达19.67吨，是1949年的4.8倍；化肥产量达869.3万吨，是1949年的1448倍；原盐产量达1952.50万吨，是1949年的6.5倍。[①]

---

① 李平：《新中国矿业发展历程》，《中国矿业报》2014年10月20日。

改革开放以来，经济持续快速增长，对于矿产资源的需求也与日俱增，随着矿产资源探明量、矿山建设数量不断增加，矿业更是有了长足发展。截至 2000 年底，全国累计发现矿产地 25000 多处，全国建成各类矿山 153063 座，其中，国有矿山 9000 多座。2000 年，全国矿石采掘量 54 亿吨，主要矿产品产量大幅增长，与改革开放前相比，全国原煤产量 9.98 亿吨，是 1978 年的 1.62 倍；原油产量 1.63 亿吨，是 1978 年的 1.57 倍；铁矿石产量 22256 万吨，是 1978 年的 1.89 倍；10 种有色金属产量 760 万吨，是 1978 年的 7.98 倍；黄金产量 176.91 吨，是 1978 年的 8.99 倍；化肥产量 3286 万吨，是 1978 年的 3.78 倍；水泥产量 59700 万吨，是 1978 年的 8.8 倍；原盐产量 3128 万吨，是 1978 年的 1.60 倍。长期以来，采矿业在增加值、利润、税收、出口创汇等方面均为国家经济做出了重要贡献（见图 4 - 4、图 4 - 5）。

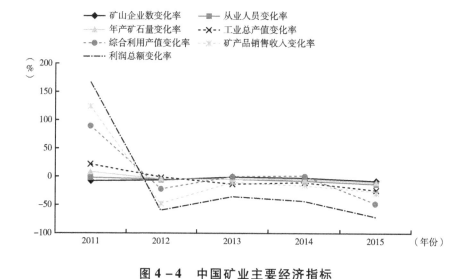

图 4 - 4　中国矿业主要经济指标

资料来源：2011～2015 年《全国非油气矿产资源开发利用统计年报》。

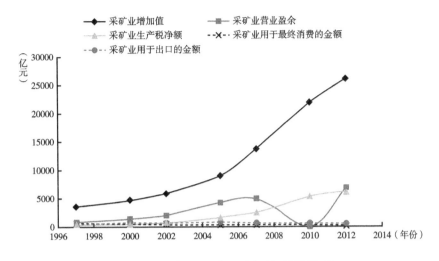

图 4 - 5　中国采矿业的经济贡献情况

资料来源：国家统计局网站（http://data.stats.gov.cn）。

综观各国工业化伊始，对矿产资源的需求激增，矿产资源的多元化需求也在不断扩展，尤其是由技术进步带来的对于矿元素的更新式需求呈几何增长（见图4-6）。以工矿业和建筑业为主体的第二产业在国民经济中占据重要地位（见图4-7）。未来即使到了工业化后期，高新科技产业仍以矿产品为物质载体，仍需要大量能源来保证产业的正常运转，尤其是高新科技产业所依赖的战略性矿产（根据《全国矿产资源规划（2016～2020年）》，战略性矿产是指石油、天然气、页岩气、煤炭、煤层气、铀、铁、铬、铜、铝、金、镍、钨、锡、钼、锑、钴、锂、稀土、锆、磷、钾盐、晶质石墨、萤石）市场广阔。以新能源汽车为例，新能源汽车厂商对石墨、碳酸锂、钴等矿物具有大量需求。此外，未来产业的发展对于一些关键性元素的需求仍有待释放，但需要对关键性元素可能出现的供应瓶颈进行积极应对，这也构成了矿业发展的机会及责任。综上所述，从经济发展、产业升级和国家利益角度考虑，无论是现在还是将来，矿业的基础地位都应当强化，矿业的健康发展关系国计民生。

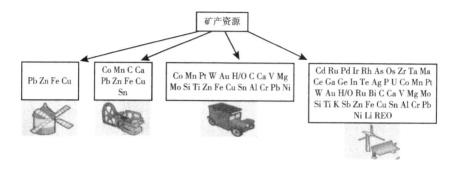

图4-6 产业升级背景下矿产资源需求的多元化演变

资料来源：根据瑞士日内瓦大学 Lluís Fontboté 教授在 2017 年 SEG 世界矿床大会的发言资料整理。

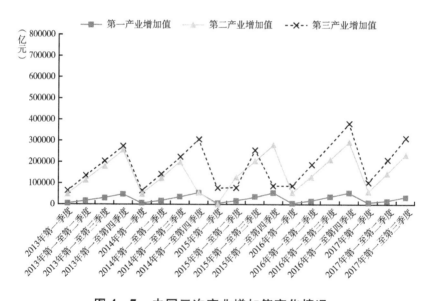

图4-7 中国三次产业增加值变化情况

资料来源：国家统计局网站（http://data.stats.gov.cn）。

第三，在创新、协调、绿色、开放、共享的发展理念下，古老而又现代的中国矿业通过自身调整和完善，会继续生机勃勃，始终为中国的经济社会发展构筑坚实基础。

中国矿业根据资源禀赋进行开发利用布局，近年来的整装勘查开发以及矿集区的建设使矿业布局日益合理，更符合中国经济社会发展大局。但同其他产业一样，中国矿业在由计划经济向市场经济转型的过程中，双轨经济特点明显，产业结构仍需从产业组织、技术结构、产业外部性、产业关联度等角度进行完善。

针对矿业组织结构规模小、高度分散的特点，应当继续提高产业的聚合度，通过产业规模化来提高矿产资源的开发利用效率，减少无谓竞争，增强矿业竞争力。近年来，中国各级国土资源管理部门开展矿业治理整顿，实施关井压产等措施，2001～2015年，中国非油气矿山企业数量总体呈下降趋势，矿山企业"多、小、散"的局面得到一定程度的改善，矿山开发布局趋于合理，企业规模化经营提高了资源的节约集约利用水平。但从2015年的数据来看，全国矿业有效集中度仍然偏低。2015年各类非油气矿山企业总数为83648家，较2014年的92061家减少8413家，按矿山生产的规模统计，其变化趋势仍不乐观。2015年大型矿山企业4140家，占非油气矿山企业总数的5%，较2014年提升1个百分点；中型矿山企业6668家，占非油气矿山企业总数的8%，较2014年提升1个百分点；小型矿山企业48383家，占比58%，占比没有变化；小矿24457家，占比29%，较2014年降低1个百分点。按照分矿类非油气矿山企业情况来看，小型矿山企业和小矿占比高的情况在建材和其他非金属矿产类别中更加凸显（见图4-8），这种局面仍然不利于矿产资源的集约节约利用和产业整体竞争力的提升。

当前，中国矿业生产结构配套程度低，应当根据国家发展布局和下游市场需求进行调整。以甘肃省为例，甘肃省的矿业生产结构的主要问题是，采掘业与后续冶炼加工业不够匹配，有色金属选、冶能力大大超过采矿能力。如自产铜精矿只能满足冶炼能力的10%～15%，铅、锌自产原料也分别只能满足30%、56%。在铅锌资源丰富的陇

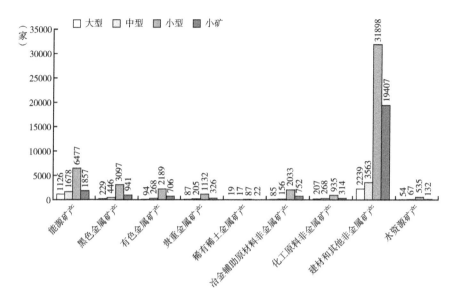

图4-8　2015年中国分矿类非油气矿山企业规模

资料来源：2015年非油气矿产统计通报。

南市，铅锌冶炼产能大于选矿产能，选矿产能大于采矿产能，矿业生产结构呈倒置状态，这不利于产业的均衡可持续发展。并且，就中国的矿产资源禀赋和经济发展需求而言，中国矿产资源的自给能力仍然有限（见图4-9），对外贸易中存在矿产品对外交易活跃但贸易结构仍不合理、出口层次低等问题，这需要通过调整进出口的产品比例和结构，增强其合理性。以能源矿产中的煤炭为例。中国煤炭资源丰富，产量居世界第一，出口方面却因运输能力和港口设施限制，出口量长期居于较低水平；优势非金属矿产出口仍以原矿、块矿或初级加工产品为主，深加工程度不高，缺乏附加值高的"拳头产品"；出口产品缺乏统一的国家标准，价格偏低；进口产品中，加工产品比例高，初级资源类产品比例低，仍以冶炼商品甚至成品材进口为主，进口成本偏高，并直接冲击国内加工业的发展。因此，应当增加产品附加值，提升成品出口能力，减少原材料类产品的出口；同时，充分运用两种资源、两个市场，通过合理进口，解决中国部分矿产资源品位低下以及开发环境成本高、负外部性大的劣势和部分大宗矿产品缺口等问题。

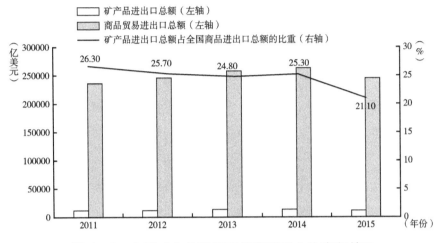

图 4-9 中国矿产品进出口贸易额及占比变化情况

资料来源：2011~2015 年《中国国土资源公报》。

中国存在矿业技术结构水平较低、创新能力不足的情况，这在一定程度上造成了矿业的粗放经营模式。此外，中国矿业是一种典型的二元结构：少数拥有先进生产技术、装备与工艺的大中型矿山企业与多数装备陈旧、工艺落后、技术水平低的小型矿山企业共存。中国矿业技术结构存在的主要问题有以下三点。其一，企业技术改造投入不足，企业的落后设备不能及时得到改造或更新，甚至一些 20 世纪 50 年代的设备还在超期服役，造成多数产品能耗高、浪费大，资源利用率低；其二，现有产业规模小，技术基础薄弱，新兴替代产业和高技术产业发展滞后；其三，企业创新能力不足，企业研发费用低，科技成果商品转化率和产业转化率低。

矿产资源开采效率低、环境污染和生态破坏等严重的产业外部性问题亟待解决。在中国矿业经济发展历程中，高消耗、高污染、低效率和低附加值的外延型发展占据了主导地位。从生产效益看，中国矿业发展仍以大中型的国有矿山为主，其年采矿量及矿业产值均占比较大；而非国有小型矿山、小矿虽然数量多，但产值比重小，规模效益低，采矿的技术结构落后，开采方式粗放，因而矿山环境问题更加突出。中国矿山环境问题集中表现为：大量耕地和建设用地因采矿活动而破坏，采矿活动诱发了地质灾害，采矿活动破坏了矿区的水平衡。

矿业产业关联程度低，上下游之间不协调，需要调整管理体制机制，发挥市场配置资源的决定性作用，凸显产业链的整体效益。受计划经济时期矿业城市和矿业实行条块分割的管理体制惯性影响，中国矿业与上下游产业之间仍然存在一定程度的分割，结构不协调、产业链短、持续发展能力弱等问题突出。从上游看，找矿勘查难以适应矿业发展需要。随着地勘体制改革，中央地勘资金减少，商业性地勘尚在起步阶段，造成找矿勘查滞后、资源储量增长缓慢、急需矿产后备资源短缺等问题，难以适应矿业发展之需。从下游看，矿业与下游产业常常不能很好地协调以保持动态平衡。以煤炭资源为例，煤和电是上下游行业，然而两个行业改革不同步，市场价格机制常常失衡。要实现中国矿业的可持续发展，须将产业链的上、中、下游紧密结合，从源头上保证产业发展，加快培育中国矿产勘查资本市场，组建资源性公司，改善商业性地质勘查开发环境；在矿产品的生产销售环节，要体现矿业权的商品性特征，可采用并购上市方式，并对资本市场予以规范。

尽管中国矿业发展存在上述诸多问题，但中国矿业基础性地位及保障经济社会发展的供应能力要求仍然不变。在"五位一体"的发展思路指引下，通过对矿业结构进行完善，提高矿业的勘查开发技术，增强矿业的核心竞争力，提升产业上下游之间的关联度，走与资源环境承载力相匹配的绿色发展之路，推动产业的智能化，实现矿区的天蓝水清山绿。随着经济的启暖复苏、供给侧的调整以及中国产业的升级，对于大宗矿业发展需求还将持续增加。

综上所述，矿业是一个古老而又充满希望的产业。对于矿业的发展而言，应该做的是调整优化矿业的产业结构，使矿业具有鲜明的时代性，保持基础性产业地位，探索成为科技含量高的支柱型产业。具体可以通过形成充分竞争的矿业市场，积极发挥政府的作用，充分运用产业政策手段调整产业结构，充分激发矿业发展中以企业为主体的各种要素的潜能，增强企业的社会责任感和使命感。

二　中国矿业发展的健康状况评价

矿业是工业的血脉和粮食，是重要的基础性产业。中国的矿业发展经历了从计划经济模式到市场经济模式，以及从市场经济模式下的粗放型发展向集约型发展转变的历程，该转变是为了适应中国资源环境双重约束下的发展需求。中国矿业发展的状况评价从典型的苏联地质工作完善度评价方式转变为市场经济条件的评价模式，而随着对绿色经济和生态经济的倡导、"三生空间"的划定，集约式开发、亲环境式开发、综合利用模式开发技术逐渐成熟，单纯的经济性评价指标已经转变为综合性的经济、社会、供给安全和环境指标，可以从系统论的角度构建中国矿业健康状况评价的综合指标体系（见图4－10）。

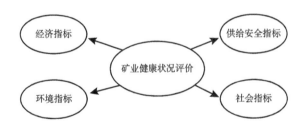

图 4－10　矿业健康状况评价系统

三　新中国成立以来中国矿政管理和法律规制沿革

新中国成立后，地质矿产部一度是中国矿产资源主管部门，根据

2018 年《国务院机构改革方案》和《国务院关于机构设置的通知》，经全国人大批准，组建自然资源部具体负责对中国矿产资源行使管理权。中国矿产资源管理分为矿产资源规划管理、地质勘查管理、矿业权管理、矿山地质环境保护、矿产勘查开采活动监督管理、地质资料管理以及矿业中介服务等。

新中国成立之初，中国就有了矿业管理方面的法律，但在计划经济的大格局下，形成的是矿产资源经济法律关系。这种法律关系有如下特点。第一，体现了国家领导经济、组织经济和管理经济的权利、意志和职能；第二，体现了社会主义计划经济的要求；第三，是纵横结合的法律关系；第四，依照法律的规定，相关的权利义务关系需要以书面的形式加以确定。

随着中国由计划经济向市场经济转轨，在矿产资源开发利用的法律规制中，逐渐形成矿产资源行政管理关系（矿政法律关系）和矿产资源开发利用的民事法律关系（矿产资源所有人和矿业权人及其他权利人之间的权利义务关系）。

对于矿业权利的规定最早见于《民法通则》（2021 年 1 月 1 日废止）。《民法通则》中最早出现"采矿权"一词。《民法通则》第 81条第 2 款规定，国家所有的矿藏，可以依法由全民所有制单位和集体所有制单位开采，也可以依法由公民采挖。国家保护合法的采矿权。《物权法》中也规定了矿藏、水流、海域属于国家所有。

《矿产资源法》《矿产资源法实施细则》《矿产资源勘查区块登记管理办法》《矿产资源开采登记管理办法》中对矿业权的取得做了规定。按照规定条件申请并取得勘查许可证和开采许可证的单位或者个人即为矿业权人。《矿产资源法》《矿产资源法实施细则》中规定勘查和开采矿产资源，必须依法分别申请，经批准取得探矿权和采矿权并办理登记。探矿权人有权在划定的勘查作业区内进行规定的勘查作业，有权优先取得勘查作业区内矿产资源的采矿权。探矿权人在完成最低的勘查投入后，经依法批准，可以将探矿权转让他人。采矿权人拥有从事开采活动、自行销售除国家规定由指定单位统一回收的矿产品以外的矿产品、根据生产建设的需要依法取得土地使用权、从事必要生产生活设施建设等权利。探矿权申请人向登记机关提交申请登记书和申请的区块范围图、勘查单位的资格证书复印件、勘查工作计划和勘查合同（或委托勘查证明文件）及其他规定资料后，登记机关经审查做出准予登记的决定，申请人缴纳相关费用，办理登记手续，领取勘查许可证后就取得了探矿权。采矿权申请人在申请划定矿区范围后向登记机关提交申请登记书、矿区范围图、申请资质条件证明、矿产资源开发利用方案、依法设立矿山企业的批准文件、开采矿产资源的环境影响评价报告及其他相关资料后，登记管理机关做出准予登记的决定，申请人缴纳相关费用，办理登记手续，领取采矿权许可证后就取得了采矿权。

"十三五"规划中指出，2016～2020年是全面建成小康社会的决胜阶段。这一时期，中国矿产资源管理及法律规制制定工作，应认真贯彻党中央战略决策和部署，准确把握国内外发展环境和条件的深刻变化，积极适应把握引领经济发展新常态，全面推进创新发展、协调发展、绿色发展、开放发展、共享发展，确保全面建成小康社会。目前所处的重要战略机遇期，经济发展的长期向好基本面未变，发展前景依然广阔，新型工业化、信息化、城镇化、农业现代化的深入发展使矿业作为国民经济基础性产业的定位以及对于国民经济的重要性在今后一个阶段仍然不变。与此同时，伴随着分工的优化和产业结构的调整、供给侧的结构性改革，矿业也需要相应的改革和调整。相应的管理和立法也需要赋予新的含义，以更好地促进和推动经济发展和社会进步。

第三节　系统论下中国矿业用地法律
制度存在的问题

法律制度，从动态上讲，包括法律调整各种社会关系时所形成的体现社会制度的各种法律制度；从静态上讲，是指一个国家或地区所有法律原则和规则的总称。中国矿业用地法律制度是指调整矿业用地法律关系的所有法律原则和规则的总称。本节将对中国矿业用地的立法情况及法律实施中存在的问题进行分析，以期能够找到解决问题的方向及合理路径。

一　中国土地资源和矿业用地情况

土地辽阔、类型多样是中国土地资源的特点。从构成上看，中国土地山地多、平地少，这就决定了宜林地较多、宜农地较少、后备土地资源不足的客观国情。另外，目前中国土地资源还存在农业用地绝对数量多、人均拥有量少，土地资源空间分布不平衡、土地生产力地区间差异显著的特点。这是中国土地资源的基本国情。

前文中提到，2011 年，全国有效的采矿许可证有107289 件，登记总面积为 22.07 万平方千米，同年，全国合法登记的居民及工矿用地的总面积为 26.92 万平方千米。这表明采矿许可证登记的总面积近似于居民及工矿用地的总面积，意味着中国的矿业用地需求难以得到满足。另据不完全统计，目前，中国矿山建设和开发占地面积达1.35 万平方千米（135 万公顷），现有尾矿库堆放占用土地逾 1300万亩（86.7 万公顷）。[①] 可以看出，矿业用地在中国现阶段是一种重要的用地方式，在土地用途中占有较大比重，它的合法、合理利用应

---

① 参见国土资源部矿业政策研究课题组《矿业用地政策专题研究》，2013。

当得到重视。

矿业用地具有特殊性。根据矿业活动的特点，矿业用地相较于种植农作物的耕地、营林的林地、从事畜牧生产的牧草地等农用地，营建房屋等建筑物、构筑物的建设用地，在使用方式上具有特殊性。首先，矿业用地会因不同矿产类型而采取不同的用地方案，这在矿业开采活动中表现得更加明显。矿产资源的分布及赋存特征既决定了矿山规模的不同，又决定了需要采取不同的开采方式，这就会对采矿活动中的用地产生影响，形成不同的用地需求。其次，由于成矿作用各异，为实现合理的开采顺序和开采方法及共伴生矿的综合开采和综合利用，会形成露采、井采、抽采等不同开采方式，从而决定用地周期和范围、可能对土地产生的影响（沉降、裂缝等）、土地化学污染预防和治理、土地的复垦方案及闭坑后矿山生态环境的恢复治理方案。最后，对于矿山企业而言，矿区的资源量有定数，企业会根据矿藏情况逐步开展采矿活动，这种活动就具有明显的周期性，相应地，相关用地需求也会随企业采矿活动的进展具有周期性。

综上所述，中国土地资源的基本情况、矿业用地需求状况及矿业用地的特殊性，决定了矿业用地法律政策的制定和调整需要充分考虑现实状况和客观实际。

二 中国矿业用地立法沿革与现状

中国矿业成文法始于近代，近代矿业立法中就出现了关于如何解决采矿所需的土地使用问题的规定。近代矿业立法可追溯至清末，属于清末洋务运动、政治维新的产物，反映了政府革新及经济发展的需要。清末矿业立法先后有光绪二十四年（1898）的《矿务铁路公共章程二十二条》、光绪二十八年（1902）的《矿务章程十九条》、光绪三十三年（1907）的《大清矿务章程》以及宣统二年（1910）修

订的《大清矿务章程》。这期间，矿业活动和土地利用的立法价值取
向不断发生调整。最初的《矿务铁路公共章程二十二条》规定了开
矿圈地顺民、购地顺民制度；《矿务章程十九条》规定了地主可入股
制度；《大清矿务章程》先是规定了地权及以地入股制度，修订后又
规定了测绘矿界制度。在不断演进的立法中，矿业权人和土地权利人
的权利义务关系越发明晰，对土地权益的保护也不断增强。例如
《大清矿务章程》第三十五款规定："需用地面有纠葛需听官断。若
设所请矿地中之某段在民地之内，具禀人如需此段地面以作附属矿地
之用，或需全段地面以作开采散矿或流积矿质之用者，务与业主商
办……禀内如业主不允与具禀人商办，应由总局确查情形，如与民间
别无妨碍，而又为开矿必不可少之地，可按官断规条办理。"

中华民国三年（1914）颁布的《中华民国矿业条例》中详细规
定了用地方面的法律制度，"矿业权者。因左之目的。得使用他人之
土地……使用他人之土地，需经矿务监督署长许可……因使用他人之
土地，矿业权者应给地主及关系人以相当之偿金……土地须使用三年
以上或因使用而变其性质时，矿业权者得与地主协商，或由地主请求
照土地市价给予一次偿金。但当矿业废止或使用完竣时仍应将土地交
还原地主"。中华民国十九年（1930）颁布的《中华民国矿业法》也
延续了这种规定。

新中国成立之后，在整顿和恢复国民经济以及按照五年计划进行
经济建设的进程中，国家注重开矿和土地之间的关系。1953年颁布
的《关于在勘探工作中临时占用农民土地及砍伐农民林木的赔偿暂
行办法》对于勘查活动中的土地租用及赔偿做出规定。新中国成立
初期，通过行政手段和实务指标直接分配用地，矿山企业通过划拨方
式取得土地使用权。1986年《土地管理法》的出台对中国的矿业用
地制度做出了相对完整的规定。按照现行《土地管理法》及相关立
法的规定，以国有土地有偿使用制度为主的土地利用制度得以确立。

随着城镇化进程的加快，中国土地资源稀缺尤其是农用地资源稀缺的国情使得国家更加强调在土地利用中应当坚持"十分珍惜、合理利用每一寸土地"这一基本国策。2006 年，十届全国人大四次会议上通过的《国民经济和社会发展第十一个五年规划纲要》，将严守18 亿亩耕地保护红线作为具有法律效力的约束性指标。根据《2015年中国国土资源公报》，截至 2014 年底，全国共有农用地 64574.11万公顷，其中耕地 13505.73 万公顷，园地 1437.82 万公顷，林地25307.13 万公顷，牧草地 21946.60 万公顷；建设用地 3811.42 万公顷，其中城镇村及工矿用地 3105.66 万公顷。

矿业用地本质上是一种特定利用类型的土地。根据所处阶段的不同，狭义上的矿业可以分为勘查业和开采业两大产业。按照矿山企业生产经营的规律，矿业用地应当包括勘查用地和开采用地，具体到矿业用地的使用，矿业用地法律制度应当涉及取得、利用及退出三大环节。然而，现行法律并未将矿业用地单独界定为一种法定的土地利用形式。

前文所述，宪法和《土地管理法》中确定了土地的社会主义公有制，包含全民所有制和劳动群众集体所有制两种形式。十分珍惜、合理利用每一寸土地和切实保护耕地是中国的基本国策。为了贯彻这项基本国策，在土地利用领域，中国制定了建立在土地利用规划之上的土地用途管制制度。任何人使用土地都应当遵循土地用途管制制度，要严格遵循土地利用规划确定的用途。按照土地用途管制制度，中国的土地利用类型包括农用地、建设用地和未利用地。农用地包括耕地、园地、林地、牧草地、农田水利用地、养殖水面等，建设用地包括城乡住宅、公共设施用地、工矿用地、交通水利设施用地、旅游用地、军事设施用地等，未利用地是指农用地和建设用地以外的土地。中国立法并未对矿业用地下定义，但《土地利用现状分类标准》（GB/T 21010 - 2017）对采矿用地下了定义，根据此定义，采矿用地属于工业用地中工矿用地下的二级类用地，采矿用地是指采矿、采石、采砂（沙）场，砖瓦窑等地面生产用地，排（土）石及尾矿堆放地。

中国相关法规按照矿业活动的阶段和分类对矿业用地的取得做了规定，具体可以分为勘查用地和开采矿业用地两大类。

第一，勘查用地。按照《土地管理法》的规定，勘查用地属于临时用地，按照法律规定，涉及勘查项目的用地一般采用临时用地方案。《土地管理法》第57条规定，地质勘查需要临时使用国有土地或者农民集体所有的土地的，由县级以上人民政府土地行政主管部门批准。在报批前，涉及国有土地的需要与土地行政主管部门签订临时使用土地合同，并按照合同的约定支付临时使用土地补偿费；涉及农民集体所有的土地需要与农村集体经济组织、村民委员会签订临时使用土地补偿费，并按照合同的约定支付临时使用土地补偿费。其中涉及城市规划的临时用地还应当取得有关城市规划行政主管部门的同意。

第二，开采矿业用地。一些学者将开采矿业用地称为采矿用地。但笔者认为，开采矿业用地更能全面地反映矿业活动的规律。开采矿业用地是指矿山企业建设和生产经营中所需使用的全部土地。采矿用地只包括采矿活动中所要使用的土地，并不能全面反映矿山企业的实际经营需要。开采矿业用地，从《城市房地产管理法》和《土地管理法实施细则》的相关规定来看，是划入建设用地范畴加以调整的。根据《土地管理法》的规定，开采矿业用地需要使用国有建设用地，具体而言，取得方式有两种，即划拨取得和出让取得。首先是划拨取得。按照《城市房地产管理法》（2009年修正）第24条的规定，国家重点扶持的能源项目用地，确属必需的，可以由县级以上人民政府依法批准划拨。《划拨用地目录》对国家重点扶持的能源等基础设施用地做了界定。具体包括石油、天然气设施用地及煤炭设施用地。新中国成立初期的矿山企业大多是通过划拨方式取得的土地使用权，其次是出让取得。开采矿业用地中非国家重点扶持的能源基础设施用地及其他矿业用地需要采用土地出让方式取得。《土地管理法实施条例》（2014年修订）第23条具体规定了出让类开采矿业用地的取得方式。该项规定强调具体建设项目需要使用土地的，必须依法申请使用土地利用总体规划确定的城市建设用地范围内的国有建设用地，由市、县人民政府土地行政主管部门与土地使用者签订国有土地有偿使用合同。能源、矿山等建设项目确需使用土地利用总体规划确定的城市建设用地范围外的土地，涉及农用地的需要通过农用地征用程序，其提交农用地转用方案、补充耕地方案、征收土地方案和供地方案经批准后方可进入土地征用程序，后由市、县人民政府土地行政主管部门与土地使用者签订国有土地有偿使用合同。而国有土地使用权出让实质上就是国家以土地所有者的名义与土地的使用者签订一定时限的土地使用权有偿转让合同。

其一，是矿业用地取得中的农用地征地及补偿问题。关于农用地征用及补偿的具体问题，目前主要是以地方法规的形式加以规定，各地根据当地的实际情况，出台了实施办法。本书选取了山西、河北两个矿业大省的地方法规展开分析研究。《山西省实施〈中华人民共和国土地管理法〉办法》规定，国家为公共利益的需要，可以依法对农民集体所有的土地实行征用。在土地利用总体规划方面，将土地利用区分为基本农田保护区、一般农田区、林业用地区、牧业用地区、城市建设用地区、村庄和集镇建设用地区、独立工矿用地区、自然与人文景观保护区、土地开垦区、禁止开垦区、土地整理区等，明确提出"独立工矿用地区"这项规划。在矿业用地的取得问题上规定，任何单位和个人不得私自与农村集体经济组织签订用地协议开发土地。单独选址的建设项目确需占用农用地的，除具备前款规定的条件外，还必须符合下列条件：一是单独选址的建设项目必须是国务院批准的能源、交通、水利、矿山等项目和省人民政府批准的道路、管线工程和大型基础设施项目；二是项目选址确实无法避开农用地的。建设占用土地，涉及农用地转为建设用地的，应当办理农用地转用审批手续。国务院批准的能源、交通、水利、矿山等建设项目和省人民政府批准的道路、管线工程、大型基础设施建设项目，应当使用土地利用总体规划确定的城市、村庄和集镇建设用地规模范围内的土地，确需使用土地利用总体规划确定的城市、村庄和集镇建设用地规模范围以外的土地的，必须严格控制。在农用地征用的补偿问题上规定，市、县人民政府土地行政主管部门根据经批准的征用土地方案，会同有关部门拟订具体征地补偿、安置方案，并在被征用土地所在地的乡（镇）、村予以公告，听取被征用土地的农村集体经济组织和农民的意见。征地补偿、安置补助方案，报市、县人民政府批准后，由市、县人民政府土地行政主管部门组织实施。对补偿标准有争议的，由县级以上地方人民政府协调；协调不成的，由批准征用土地的人民政府裁决。征地补偿、安置争议不影响征地方案的实施。在矿业用地使用方面规定，被批准的重点建设项目取得土地使用权后，用地单位应当提高土地利用率，不得闲置土地。能源、交通、水利、矿山、军事设施等建设项目占用耕地的，由建设单位负责开垦耕地。任何单位或者个人对土地造成破坏的，除负责土地复垦外，还应当向遭受损失的单位或者个人支付土地损失补偿费和地面附着物损失补偿费。土地损失补偿费标准，参照本办法征地补偿费的规定办理，地面附着物损失补偿费由双方商定。

《土地管理法实施条例》确定了征地补偿安置争议协调裁决制度，《国务院关于深化改革严格土地管理的决定》（国发〔2004〕28号）中再次提出，"加快建立和完善征地补偿安置争议的协调和裁决机制，维护被征地农民和用地者的合法权益"。

其二，是矿业用地使用及退出的复垦法律制度。按照《矿产资源法》的规定，开采矿产资源，应当节约用地。耕地、草原、林地因采矿受到破坏的，矿山企业应当因地制宜地采取复垦利用、植树种草或者其他利用措施。《土地复垦条例》规定，采矿权人作为矿业开发利用中毁损土地的复垦义务人，应当在办理采矿权申请手续时随有关报批材料报送土地复垦方案，如果土地复垦义务人未编制土地复垦方案或者土地复垦方案不符合要求的，有批准权的国土资源主管部门不得颁发采矿许可证，土地复垦义务人应当补编和报送土地复垦方案。在地方法规中，《山西省土地复垦实施办法》规定，生产建设单位压占集体所有的土地，压占后能够恢复原用途的，可以不实行征用，但应当依法办理临时用地手续，并负责赔偿压占期间给土地所有者或者使用者造成的经济损失。生产建设单位已征用压占的土地，经复垦能达到邻近集体所有土地质量的，经县级人民政府批准，可以与邻近集体所有的土地进行互换。

《河北省土地管理实施办法》规定，征用、占用土地进行建设，必须按法定程序办理审批手续。《河北省土地管理条例》（1999 年修订）规定，非农业建设占用耕地，没有条件开垦或者开垦的耕地经最终验收不合格的，占用耕地的单位应当按照每平方米 10 元至 15 元的标准，向县（市）以上土地行政主管部门缴纳耕地开垦费，由土地行政主管部门用于组织开垦与占用耕地的面积和质量相当的耕地。经依法批准占用土地进行建设的，应当在批准的动工建设之日起一年内动工建设，不得造成土地闲置。因闲置依法收回的国有土地所有权性质不变，可以安排其他建设项目使用，也可以安排原集体经济组织耕种。进行能源、交通、水利、矿山和军事设施等项目建设，经依法批准，可以提供前款规定之外的土地。

其三，是征用土地的补偿费的规定。《河北省土地管理条例》（1999 年修订）规定，征用耕地的土地补偿费，为该耕地被征用前 3 年平均年产值的 6 倍至 10 倍；征用耕地以外的其他农用地和建设用地的土地补偿费，为该土地所在乡（镇）耕地前 3 年平均年产值的 5

倍至 8 倍；征用未利用地的土地补偿费，为该土地所在乡（镇）耕地前 3 年平均年产值的 3 倍至 5 倍；征用耕地的安置补助费，为该耕地被征用前 3 年平均年产值的 4 倍至 6 倍；征用耕地以外的其他农用地和建设用地的安置补助费，为该土地所在乡（镇）耕地前 3 年平均年产值的 4 倍至 6 倍；征用未利用地的，不支付安置补助费。

由此可见，各地在贯彻土地管理方面的基本法律时根据各地的具体情况做出了一些具体实行方面的规定，明晰了一些概念和具体程序措施，但也存在诸多不合理之处，如公共利益界定问题、征用土地的权属问题、对农民的补偿偏低和不能及时让农民得到补偿的问题，以及复垦责任和具体方式并未对土地的复垦产生实际的推动作用等问题。

综上所述，从现有的立法来看，矿业用地的取得、使用和退出都是在国家土地管理法律制度框架内的法律行为。作为矿业用地中的勘查用地，以临时用地方式取得，不改变土地的原有用途，用完后退回；作为矿业用地中的开采矿业用地，应当以国有建设用地方式取得，涉及农用地的，应当通过土地征收途径转为国有建设用地后再有偿使用。使用中遵循土地用途管制制度，在使用期内缴纳税费，合理利用土地，做好复垦工作。然而就前文中提到的中国土地资源的实际情况、合法矿业权的实际情况以及矿业用地的实际情况来看，现有的矿业用地的取得、使用、退出的法律路径并不能满足矿业权人的实际需求，妨碍了矿业权人正当行使产权。

三　中国矿业用地产权制度保障的法理必要性

产权是经济所有制关系的法律表现形式，它包括财产的所有权、占有权、支配权、使用权、收益权和处置权。产权是市场经济的基础和资源配置的必要保障。其实质是为资源确定一套行为规范，使产权通过法律的形式得到保护。《物权法》为物的产权提供了法律保障。《物权法》根据物权法定原则明确物的归属，及挥物的效用，保护权利人的物权权利。《物权法》中法定的物权包括所有权、用益物权和担保物权三大类。所有权是最完全的物权，所有权中包含了对物的占有、使用、收益、处分四项权能。对于矿业权人而言，在市场经济条件下，矿产资源产权和矿业用地产权受法律保护是矿产资源得以利用的基础。对于政府而言，产权边界的明晰也是资源保护和管理的必要条件。从法律角度看，明晰矿业用地产权是合理利用、保护和管理矿业用地的基础。故而，本部分从产权制度角度对矿业用地进行考察。

矿业权人使用土地的权利是矿业产权和土地产权的"接合部"，也是矿业权人行使矿业权的必需要件。根据《矿产资源法》的规定，笔者把这种矿业权人使用土地的权利称为矿地使用权。

《矿产资源法》规定，在中国开采矿产资源必须依法申请取得采矿权，国家保障依法设立的矿山企业开采矿产资源的合法权益。同时，《物权法》也在用益物权部分明确规定了法律保护依法取得的采矿权。按照《矿产资源法实施细则》对采矿权的界定，采矿权是指在依法取得的采矿许可证规定范围内，开采矿产资源和获得所开采矿产品的权利。矿产资源尤其是固体矿产资源存在于地壳之中，上附有土地，因此涉及土地使用问题。《矿产资源法实施细则》规定，采矿权人有根据生产建设需要依法取得土地使用权的权利，对于该项权利的行使方式，《矿产资源法实施细则》采取概况式立法模式，规定采矿权人依法享有的权利中，法律、法规规定应当经过批准或者履行其他手续的，依照有关法律、法规的规定办理。

对矿业权人的土地使用权的取得在《矿产资源法》中没有做出特别规定，即依照有关法律、法规的规定办理。就有关法律法规来看，《矿产资源法》及其实施细则规定了探矿权人和采矿权人分别有临时使用土地和使用土地的权利，按照《物权法》和《土地管理法》等相关规定，探矿权人临时使用土地的权利可以通过临时用地制度得以满足。但是，采矿权人使用土地的权利则需要通过使用国有建设用地的方式得以满足。然而，一般的建设行为可以根据城市发展规划有序开展，但采矿行为是一种探索未知矿产资源的资源开发利用行为。矿产资源的预先未知性和探明后的固定性导致无法像制定城市发展建设规划一样预先为矿产资源的利用建立详尽规划。而通常矿产资源的开发利用需要根据国民经济的发展需要来合理开展，这就使得取得采矿权的采矿权人会出现因采矿权的范围并非位于城市建设用地而是位于农民集体所有的土地上而无法取得土地使用权的问题。这一立法模式没有充分考虑矿业权人合法权益行使途径，已经严重影响到矿业权人合法权利的行使。如何解决这一问题，笔者认为，要在明晰矿地使用权的法律特征基础上，设定合理的矿业用地产权边界，从而为完善矿业用地法律制度问题奠定理论基础。

就矿地使用权的性质而言，长期以来，法学学者对于矿地使用权是否为独立的权利，以及这项权利从何而来存在不同看法。以江平为代表的部分学者认为，使用矿区土地的权利是矿业权的组成部分。"当采矿权主体取得一个区域内的采矿权时，他就同时取得了对该区域的占有权。因为矿产资源是赋存于地下的，如果不实际占有该地域，就不可能去进行开采活动。这里所指的地域是采矿权范围内的地表及地下的垂直延伸区域，即使开采工作全部是在地下进行的，如果开采的深度比较浅，地表也不能再进行非矿业利用了，如种植、放牧等，这就要求对矿区范围的地表和地下的占用都是排他的，这一范围内只能由采矿权主体来单独利用。"[①] 而崔建远认为，矿业权中仅包括地下使用权，不包括地表使用权。[②] "矿业权人实施勘探、开采作业必然要使用土地，但因矿业权中仅含有地下使用权，并不包括地表

---

① 江平主编《中国矿业权法律制度研究》，中国政法大学出版社，1991。
② 崔建远：《土地上的权利群研究》，法律出版社，2004。

的使用权，故欲合法地使用土地，就得再取得以地表为客体的土地使用权。"地表土地的使用权应当通过合法途径取得。李显冬也认为，土地权属对于矿业权的行使产生了物权制约。[①]"矿业权产生的物权制约主要包括两个方面，集体所有土地对矿业权的制约以及土地使用权对矿业权的制约。"龚燕燕认为，矿地使用权是对于地表土地的使用权，应当归类为建设用地管理。[②]康纪田认为，从空间权角度来看，地面权利和地下空间权利应当分别设立和出让。[③]"从矿区分类的不同用地对象来看，矿业用地需要在地表、地表以上及地表以下三层分别独立设置使用权，特别是应当设立可以独立支配的地下空间使用权。"

笔者认为，矿地使用权是一项独立的权利，该项权利的边界应当是根据矿业开发需要而对矿区地表土地的使用权。根据宪法、《物权法》、《矿产资源法》和《土地管理法》，中国的土地资源和矿产资源采取分别立法模式，划分了地表的土地资源和地壳的矿产资源，并规定了矿产资源的所有权和土地的所有权相互独立，在此基础上分别产生了矿业权（包括探矿权与采矿权）和土地使用权。矿区使用权天然包含了矿产资源的使用权，亦即地下蕴含矿产资源的区域的使用权。由于采用的是分别立法例，采矿权人进行矿山建设需要使用土地就必须另外取得土地使用权，很明显这里的土地使用权就是指地表土地的使用权。这种矿产资源和土地资源分别立法模式，导致分别从矿产资源所有权中派生出矿产资源产权——矿业权和从土地所有权中派生出土地产权——矿地使用权。因此，在法律界定上，矿业权和矿地使用权是两种不同的权利，应当符合各自的取得要件。

---

① 李显冬主编《中国矿业立法研究》，中国人民公安大学出版社，2006。
② 龚燕燕：《关于我国矿业用地取得制度构建的思考》，《中国国土资源经济》2004 年第12 期。
③ 康纪田：《矿业地役权合同理论及其适用》，《天津法学》2015 年第 1 期。

同时，笔者认为，矿业权和矿地使用权又具有天然的联系，这是不同于一般的土地产权的，具有特殊性。矿产资源的特定性、不可移动性和有限性，使得在矿业权基础上产生的矿地使用权具有很强的附随性和临时性，鉴于此，应当考虑采取差别化的用地制度才能为矿业用地提供产权保障，从而保障矿业权人正常行使其产权，理由如下。

首先，从对矿地使用权的界定可以看出，应当通过差别化的用地制度为矿业用地提供产权保障。从矿业用地的用途来看，矿业用地是上附于特定区块的蕴含矿产资源的土地，也只有在特定的区块从事矿产资源的勘查和开采活动时才需要取得矿地使用权，如果没有矿产资源的赋存和开发需要，就没有对矿业用地的需求，也就不需要为矿业用地提供产权保障。而地质勘查和矿业开发本身就是一种寻找自然赋予的资源的过程，是一种由未知到已知的探索过程，这一过程具有空间上的易变性和不确定性。甚至在一些情况下，即使已知，但基于保护国家利益的原则而无法公布。因此，就出现了在矿产开采过程中只有开采的矿产资源确定后，甚至只有具体的开采方案确定后，才能确定矿业用地的范围。在这种情况下，就无法预先在土地利用规划中进行设计。对于这一问题，法律对于如何协调土地利用规划和矿产资源规划提出了原则性规定。《矿产资源法》的第 33 条规定，在建设项目和修建大型建筑物或建筑群之前，建设单位必须向所在省、自治区、直辖市地质矿产主管部门了解拟建工程所在地区的矿产资源分布和开采情况。非经国务院授权的部门批准，不得压覆重要矿床。但这一规定仍然没有解决矿产资源开发活动的空间易变性和不确定性以及土地利用规划的预先固定性矛盾，这就说明，只有通过更进一步的差别化的矿业用地法律制度建设才能为矿业用地提供产权保障。

其次，从矿地使用权的特征看，需要采取差别化的用地制度才能为矿业用地提供有效的产权法律保障。笔者认为，矿地使用权是一种独立的权利，具有占有排他性、间接收益性、附随性和临时性。矿地使用权与矿业权关系密切，但矿地使用权是由土地所有权所派生的一种用益物权，是土地权利与矿业权利的"接合部"，不从属于矿业权而具有相对独立性。

这种独立性可以从概念和权利来源两个角度展开分析。一是从法律概念来看。一方面，矿地使用权和矿业权的内涵和外延有所不同。矿地使用权是一种以对土地的利用为内容的用益物权，而矿业权是一种以勘查或开采矿产资源为目的的准物权。另一方面，矿地使用权和矿业权的客体不同。矿地使用权的客体是地表土地，而矿业权的客体是地下的立体空间和空间内赋予的矿产资源。二是从权利来源分析。一方面，矿地使用权是土地所有权派生出的权利。从土地权利束角度来看，土地所有权是土地上其他权利产生的基础。土地所有权派生出的用益物权设立的原理是土地的所有权人将占有使用收益部分的权能以一定的条件让渡给用益物权人，并在自己的权利上设立一定限制以满足用益物权人的某种需求，因此，矿地使用权作为一种使用土地的权利，应当按照土地上用益物权的设立原理进行设定。另一方面，虽然矿地使用权与矿业权同属于矿业权人，但如前文所述，二者来源不同，矿业权来源于矿产资源的所有权，通过矿业权的设定，矿业权人从矿产资源所有权人处获得了占有使用收益特定区域的矿产资源的权利，但这种权利本身并不包含对土地的使用权，矿业权人还须另外取得基于土地所有权让渡的矿地使用权。并且，中国的土地资源和矿产资源实行分别所有制立法例。按照中国法律规定，土地归国家所有或集体所有，而矿产资源归国家所有。因此，矿地使用权的来源从权利束角度看有两个——国家和农民集体。矿地使用权根据土地所有权的不同，取得方式也有所不同。而矿业权的初次来源应当为国家让渡。

在明确了矿地使用权的独立性基础上，笔者认为，矿地使用权具有占有排他性、间接收益性、附随性和临时性等法律特性。一是占有排他性。占有排他性是指在一个物上产生了一种排斥其他权利同时存在的权利。对于矿地使用权而言，这种权利排他性会因矿业权的不同而有所不同。就探矿权而言，公益性普查对地面的影响较小，对其他权利的排他性也较小，而详查和对特定地表的勘查会对地面产生一定影响，在一定的时空范围内影响其他权利的存在。采矿权则需要先进行矿山建设、修建建（构）筑物并占用一部分土地开始采矿作业，这种行为会对土地造成较大的扰动，使得原有的土地效用丧失，因此有较强的排他性，客观上要求终止原有土地上的使用权，设立排他性的土地利用权。二是间接收益性。矿地使用权与农用地承包经营权和建设用地使用权不同，既不是对于土地本身的地力的利用，也不是借助土地自然力来获得特定的收益，而更多的是一种暂时性的通过权。这种通过权又不同于一般意义上的以地役权方式设定的土地通行权。土地通行权是使原土地使用权和土地通行权可以同时存在的土地负担设定，不具有占有排他性。而矿地使用权具有占有排他性，在此意义上，矿地使用权并非归类为地役权的土地通行权。可见，矿地使用权是一种间接性的收益权，即通过占有使用矿区的地表土地、对矿产资源的勘查和开采而获得特定的收益，它的表现方式是通过地表来获取矿产资源或者特定的地质信息，是一种间接意义上的使用，因而与其他的土地使用权有显著的差异。三是附随性和临时性。矿地使用权是因矿业活动的需要而设立的，应当随矿业权的产生而产生，因矿业权的转让和灭失而灭失。矿业权是矿地使用权产生的前提和基础，也是矿地使用权存在的意义。因此，矿业权转让时，矿地使用权也随之转让；矿业权灭失时，矿地使用权也随之灭失。研究矿业权人不对矿业权进行处分而单独对矿地使用权进行处分的情况，不具有实际操作意义。《矿产资源法实施细则》中规定，探矿权人有根据工作需要临时使用土地的权利，采矿权人有根据生产建设的需要依法取得土地使用权的权利。《土地管理法》第58条规定，核准报废的矿场经有关人民政府土地行政主管部门报经原批准用地的人民政府或者有批准权的人民政府批准，可以收回国有土地使用权。因此，矿地使用权产生的前提应当是合法的矿业权存在；矿地使用权的灭失也应随矿业权的灭失而灭失。从矿地使用权的设立及矿地使用权的终止可以看出，矿地使用权具有一定的附随性。并且，矿业活动开展的前提是矿产资源的存在。就探矿活动而言，这是一种临时性的探索工作。在采矿活动中，对于一特定地块而言，矿产资源储量是基本固定的，并且会随着开采工作的推进而下降，以致最终耗尽，这一过程长则数十年、短则几年，主要取决于矿山的设计服务年限，这相对于农业生产、房地产开发和企业经营，从时间上看具有临时性的特征。

最后，从矿地使用权与其他权利的关系来看，需要采取差别化的用地制度才能为矿业用地的产权提供有效的法律保障。

一是矿地使用权与矿业权之间的关系。根据前文所述，从矿地使用权的特性来看，虽然矿地使用权与矿业权不同，但关系密切，二者在主体和功能方面具有内在一致性，矿地使用权的主体和矿业权的主体最终都会统一为矿业权人，并且，虽然矿地使用权是对土地的利用权，但矿地使用权仅仅是对土地的间接性利用，矿地使用权对于土地的利用是为所取得的矿业权服务的，取得矿地使用权的前提是取得相应的矿业权。更进一步，矿地使用权是由土地所有权所派生的一种用益物权，是土地权利与矿业权利的"接合部"，是一种独立的权利。土地资源按照宪法和《土地管理法》的规定属于国家和集体，因此，矿业权人要想进行正常的勘查开采活动就需要取得矿业权所在地表的土地使用权，并按照相关法律规定对原土地权利人给予补偿，涉及农用地的需要办理农用地转批手续，涉及耕地的需要先行开垦相同数量和质量的耕地或缴纳耕地开垦费。

二是矿地使用权与土地所有权之间的关系。由前文可知，矿地使用权是一种独立于矿产资源所有权和矿产资源使用权的权利，是一种对土地的利用权，具有用益物权性。并且，从权源来看，矿地使用权是土地所有权派生的权利。土地所有权是土地上其他权利产生的基础。按照用益物权的设立原理，土地的所有权人将占有使用收益权能以一定的条件让渡给用益物权人，在自身权利上设定一定限制，满足用益物权人的某种需要。而矿地使用权是一种占有矿区土地、从事与矿业有关活动的土地类的用益物权。

三是矿地使用权与用益物权之间的关系。《物权法》中确立了四种法定用益物权，即土地承包经营权、建设用地使用权、宅基地使用权和地役权。

按照现行法律的规定，勘查用地采用临时用地方式取得，这种取得方式并不会对原先土地上的权利束产生影响。开采矿业用地则需要通过划拨或出让方式取得，划拨或出让土地使用权的前提是要终止原先土地上的权利束。而开采矿业用地使用完毕后要恢复原先土地的用途，不能恢复的，集体经济组织可以要求国家取得该片土地的所有权。这就要在矿地使用权的产生、变更和灭失期间合理处理与相关用益物权之间的关系。

就矿地使用权与建设用地使用权、农用地承包经营权及宅基地使用权的关系而言，从法理上看由于二者是两种效力相当的权利，不存在优劣之分，二者之间的效力应遵循"成立在先、效力在先"原则。因此，在涉及农用地的矿地使用权取得过程中，矿业权人要想取得矿地使用权，需要先同农用地承包经营权人和宅基地使用权人就补偿的数额达成协议，涉及耕地的还要开垦相同数量和质量的耕地或者缴纳耕地开垦费，通过合约方式中止或终止原权利的行使，之后再通过国家的征收或履行征用程序取得土地使用权。在涉及建设用地使用权的矿地使用权取得过程中，需要通过合法程序中止或终止原先的建设用地使用权，设立矿地使用权。

地役权是供役地人和需役地人双方达成合意对供役地人的土地进行某种限制，或由供役地人提供某种便利以满足需役地人的某种需求。按照法理，在未登记情况下，成立的地役权与新设的矿地使用权只有效力上的先后之分而无优劣之分，地役权的存在或许会对矿地使用权产生一定影响，但并不会妨碍矿地使用权的设立。但如果地役权已经登记，要想再创设矿地使用权就需要地役权人的同意。

因此，矿地使用权与相关的用益物权有三种关系。第一种关系为，矿地使用权与其他相关用益物权并存。在矿产资源的普查、详查和对特定区块进行勘查活动的情况下，由于相关活动对地表的影响不是很大，原先土地上的使用权可以继续存在。第二种关系为，矿地使用权会在一定的时间范围内排他性地取代原先的用益物权，而矿地使用权随矿业权灭失后自动灭失，原有的土地用途不会发生改变，原有的用益物权可以继续存在。第三种关系为，矿地使用权的出现无期限地取代了原有的用益物权，此种情况多为国家重点建设的能源基地，其通过划拨方式取得土地，并且在能源基地的基础上兴建了矿业城市，使原有的土地用途发生改变，直接以建设用地的形式存在。

由上述分析可知，矿地使用权与相关用益物权之间的关系比较复杂，但由于矿地使用权的附随性和临时性，从整体上讲，矿地使用权最终会归属于其他的用益物权形式，矿地使用权并非传统意义上的建设用地使用权。

因此，笔者认为，矿地使用权是一项独立的权利，与矿业权有密切的关系。其本身具有占有排他性、间接收益性、附随性和临时性等特性。矿产资源的固定性决定了矿地使用权的附随性，矿业活动扰动性决定了矿地使用权的占有排他性，而矿地使用权的利用目的并不是从土地使用中获得收益，而更多的是获取通过权，这种通过权具有临时性。因此，无论是从矿地使用权的概念界定还是从矿地使用权的特征，抑或从矿地使用权与其他用益物权的关系来看，都需要对矿地使用权进行法律界定，并通过合理的用地制度安排对这项权利予以保障，这样才能建立矿业用地的产权保障制度，从而保障矿业权和矿产资源开发活动的依法有序进行。

四　中国矿业用地管理方式的变革试点

2005 年，国土资源部以批复形式——《关于对广西平果铝土矿采矿用地方式改革试点方案有关问题的批复》，使矿业用地改革进入实施阶段。笔者认为，只转不征方式的采矿用地临时用地试点率先在广西平果县开展的原因有两个：一是广西平果县矿产资源储量丰富，具备良好的经济开采条件；二是广西平果县以农业活动为主，原有生产方式落后。中国铝业集团网站相关资料显示，广西平果铝土矿资源丰富，矿层埋藏浅，平均厚度为 4.52 米，应以露天开采为主。已获采矿权的广西平果铝土矿是目前中国铝业集团广西分公司唯一的氧化铝原料铝土矿生产基地，由那豆、太平、教美、新安、果化五个矿区组成，分布面积为 1750 平方千米，平果铝土矿矿体分布之处多为耕地，矿体上附表土平均厚度仅为 0.5 米，铝土矿含泥量较高，平均每亩土地铝土矿矿石量约为 2000 吨。而与丰富的铝土矿资源形成鲜明对比的是，平果县土地资源贫瘠，山多地少，农业又是当地主要的生产方式。鉴于此情况，国土资源部以土地管理方式改革试点的形式对采矿用地取得进行改革。该改革成果在 2010 年通过了验收，并使广西平果铝土矿获得了进一步扩大采矿用地试点的资格。该项改革使企业在采矿用地取得中切实获益。通过这项改革，广西平果铝土矿累计获得采矿临时用地 1.4 万亩，向农户还地 1800 余亩。广西平果铝土矿因先进的采矿作业模式、良好的土地复垦模式，被国土资源部授予国家级绿色矿山、全国矿产资源综合利用示范基地等荣誉。当地的经济社会状况也因矿产资源的开发得到改善。2003 年，平果县出国家级贫困县跃升为广西财政首富县和中国西部经济百强县。[①]

针对广西平果铝所取得的良好经济效益及社会效益，2010 年，国土资源部第 35 次部长办公会审议通过了《采矿用地方式改革扩大试点方案》，对广西平果铝土矿、山西朔州平朔露天煤矿、云南磷化露天磷矿以及内蒙古鄂尔多斯露天煤矿均开展采矿用地方式改革试点。2013 年，国土资源部批准广西扩大采矿用地方式改革试点，同意广西在贺州市、柳州市、北海市、贵港市、玉林市、百色市、来宾市等 8 个市开展采矿用地方式改革试点，共有贺州市民田锰矿等 21 个矿区被列入改革试点，试点矿区总面积达 1425.64 公顷。

笔者认为，这一试点是解决《矿产资源法》与《土地管理法》的冲突的一种尝试，也是完善国家治理方面改革的重大举措，对中国矿业用地的立法完善将产生深远影响。

第四节　系统论下中国矿业用地法治问题的法理分析

矿山企业用地难及矿业用地使用粗放、历史遗留问题解决难度很大，均反映出中国矿业用地存在着法律制度方面的问题。就问题而言，笔者认为主要包括以下几个方面。

第一，现有法律没有为矿业用地提供有效的产权保障。根据《矿产资源法》的规定，矿地使用权是矿地使用权人使用特定区域的矿业用地的权利。根据前文可知，中国法律对于矿地使用权的性质和内容规定得较为模糊，对于矿地使用权的取得方式及后续的利用和退出均未做出明确的规定，致使实际操作中纠纷频发，各方利益无法得到平衡。而矿地使用权又是矿业用地的产权保证，只有通过立法明确

---

① 丁全利、周运动、胡建军：《平果铝土矿绿色矿山建设纪实》，《中国国土资源报》2015 年
10 月 19 日。

矿地使用权的特殊性，给予法律上的产权保证，才能够明晰矿业开发中的用地权利问题，更好地保障相关利益方的利益，促进并实现经济发展中的土地高效集约利用，从而发挥矿产资源和土地资源的最大价值。

第二，现行法律将采矿用地视为建设用地，这一立法上的错位导致法律的实效差。《土地管理法》第 4 条第 1 款明确了中国实行土地用途管制制度，并且在第 2 款明确了按照土地用途分类，土地应该分为农用地、建设用地和未利用地。《土地管理法》第 4 条第 3 款又对建设用地的范围予以界定，按照此界定，建设用地具体指建造建筑物、构筑物的土地，包括城乡住宅和公共设施用地、工矿用地、交通水利设施用地、旅游用地、军事设施用地等。根据现行的《土地利用现状分类标准》（GB/T 21010 - 2017），采矿用地属于工业用地中工矿用地下的二级类用地，采矿用地具体是指采矿、采石、采砂（沙）场，砖瓦窑等地面生产用地，排土（石）及尾矿堆放地。可以看出，现行的《土地管理法》及相关法规是将采矿用地作为建设用地管理。《物权法》有关建设用地的规定在"用益物权"编的"建设用地使用权"一章，将建设用地使用权人的权利界定为依法对国家所有的土地享有占有权、使用权和收益权，有权利用该土地建造建筑物、构筑物及其附属设施。《土地管理法》的配套行政法规《土地管理法实施条例》第 24 条规定，具体建设项目需要使用土地的，必须依法申请使用土地利用总体规划中确定的城市建设用地范围内的国有建设用地，涉及农用地的要依法转为国有建设用地后取得土地使用权。

因此，在中国，按照现行的法律规定，采矿用地应当为国有建设用地，这就意味着采矿权人要想行使采矿权应当取得国有建设用地使用权，而涉及农用地的应当以征收方式转为国有建设用地后取得土地使用权。

　　笔者认为，将矿业用地视为建设用地分类管理其实违背了立法设计时的初衷。这里需要讨论一下矿业用地究竟是否应当定性为建设用地。首先，讨论勘查用地。法律规定勘查用地通过临时用地方式取得，这在一定程度上从立法层面否定了勘查用地的建设用地性质。其次，讨论开采矿业用地。通常矿产资源开发涉及矿区建设、采矿活动、矿产品的洗选加工活动等。矿区建设包括矿区办公楼、配套设施、区内道路、与采矿活动有关基础设施的修建等建设行为。这些建设行为通常在矿区工业广场上集中完成，矿区工业广场用地应当视为建设用地。

　　采矿活动需要在矿区工业广场外，根据矿产资源分布情况进行露天开采作业或地下开采作业，这期间会涉及一部分地表土地的使用问题。这部分土地利用行为明显并不是建设行为。这部分土地可以称为采矿用地。采矿用地是为采矿权人从事矿产资源开采服务的。矿产资源同土地资源按照中国宪法及《物权法》的规定，视为两种不同的资源，它们的所有权不同。矿产资源属于国家所有，而土地资源属于国家或集体所有。这种不同的所有权制度就衍生了不同的用益物权制度。对于一块富有矿产资源的土地而言，既存在矿产资源所有权及用益物权，又存在土地所有权及用益物权。但矿产资源的所有权及用益物权无法同其他类型的土地使用权并行行使，这客观上就产生了矿业用地使用权的排他性，即矿业权人在从事矿产资源开采过程中必须排他性地占有土地才可能从事采矿活动。在占有的同时，采矿权人的采矿活动还会对土地产生影响，如破坏土地的土壤表层、破坏土地的地貌景观。但这些对土地的影响，可以通过预先的表土剥离和采矿活动结束后的土地复垦解决，并且按照现行法律的规定，采矿权人有义务进行土地复垦。因此，这种影响具有暂时性或周期性，如一些金属矿山的服务期可能是 3～5 年，一些非金属矿山的服务期可能是30～40年，具体的服务年限由矿产资源的储量及开采技术所决定。从采矿活动的一些特点可以看出，采矿活动中对于土地的利用形式，并非为建造建筑物、构筑物或修建其他设施，而只是通过土地获取矿产资源，这并不是对于土地的建设行为而是对于土地空间范围的借用行为。因此，从实际的采矿活动来看，涉及采矿用地的活动与《土地管理法》和《物权法》中规定的建设行为有很大差别。

另外，相关法律规定及立法文献和学者著作表明，建设用地的立法初衷并非为矿业用地设计。

中国土地权属制度及利用管理制度设计是将土地分为农用地、建设用地、未利用地。根据崔建远的观点，建设用地设计的初衷是以房地产开发建设为中心的。崔建远指出，国有土地使用权，不管是出让的还是划拨的，它们有一个共同之处，那就是以房地产开发建设为中心或目的，其客体是国有土地这个地表。[①]

将《物权法》中建设用地权能与《土地管理法》中建设用地用途的规定进行比较，《物权法》第 135 条将建设用地使用权人的权利界定为"依法对国家所有的土地享有占有、使用和收益的权利，有权利用该土地建造建筑物、构筑物及其附属设施"，这应当与《土地管理法》第 4 条 "建设用地是指建造建筑物、构筑物的土地" 的意思相一致，即建设用地的用途应当是建造建筑物、构筑物。开发房地产项目、修建工厂厂房等都属于建造建筑物、构筑物。采矿活动占用土地的目的明显不是修建建筑物、构筑物。另外，《土地复垦条例实施办法》中所说的复垦也包括生产和建设活动损毁土地的复垦。采矿权人有根据生产和建设需要依法取得土地使用权的权利，这里将生产和建设并列提出，说明生产和建设是两种性质不同的行为，生产应当是指采矿行为，而建设应当是指修建建筑物、构筑物及其他附属设

---

① 崔建远：《土地上的权利群论纲——我国物权立法应重视土地上权利群的配置与协调》，《中国法学》1998 年第 2 期。

施的行为。这更进一步说明《矿产资源法》中所说的采矿权人需要使用土地的情形并没有完整呈现在《土地管理法》和《物权法》中。对于矿业用地而言，相关法律之间确实存在衔接不畅的情况。

第三，矿业用地的产权缺失及矿业用地尤其是采矿用地的不合理归类和取得方式，使得历史遗留的废弃工矿区治理难度大、矿山地质修复责任不明等问题难以合理解决。历史上矿业用地通常采用划拨方式取得，后期随着国有土地的有偿使用，除非是在《划分用地目录》范围内的用地，否则不能通过划拨方式取得土地，加之落后的矿山和城市规划，导致矿业用地资源紧张和使用粗放并存，采矿塌陷及污染问题严重。由于法律将生态治理的义务设计在矿山闭坑时履行，在资源枯竭的情况下必然会出现治理不力、权责不清甚至国家买单的情况，这就造成传统矿业用地的低效率与环境负外部性影响无法化解和企业用地难的局面。

因此，《土地管理法》和《物权法》将矿业用地统一视为建设用地的管理方式是不妥的，违背了立法的原意，也没有与《矿产资源法》中的规定进行到位的衔接。早在1999年，为保障能源安全，确保及时用地，国土资源部在给原国家石油和化学工业局《关于石油天然气行业钻井及配套设施建设用地的复函》中允许石油天然气行业钻井及配套设施建设用地先按照临时用地申请使用。2009年，国土资源部发布的《关于改进报国务院批准单独选址建设项目用地审查报批工作的通知》中规定，对通过预审的能源建设项目，可以在用地正式报批前先行使用。临时用地使用制度及报批前先行使用制度都是在土地管理中不同于一般建设用地管理的优先保障制度设计。这在法律实施技术上是对矿业用地统一归类为建设用地的否定。而采矿用地试点改革也是基于法律应用中出现的问题而对立法改革进行的一种探索。可见，无论是从法律应用的角度还是从立法的初衷来看，矿业用地都不同于以房地产建设为主要需求的建设用地，将矿业用地统一归类为建设用地进行管理和利用，是立法的扭曲和与现实脱节的表现，这就出现了法律应然实效与实然实效之间的差距，从而要求对于立法进行调整，使法律应然实效与实然实效有机统一，进而真正实现矿业用地管理的法治化。针对这一问题，可从法律规定及法律实施的角度，通过构建博弈模型，对矿业用地的法律制度设计展开博弈分析，以寻找法律的最优平衡点，实现社会福利最优。

第五章

中国矿业用地制度体系的
动力机制分析

　　系统动力学（System Dynamics，SD）是建立在系统科学的思想上的一种计算机仿真技术。系统动力学的特点是可以综合应用控制论、信息论、决策论等有关的理论和方法，建立模型，进行仿真试验，获取所需信息，用以分析和研究系统的结构和行为，提升决策的科学性。

　　系统动力学的产生伴随着可持续发展理论的提出。第二次世界大战后，随着科技进步和工业化进程的迅速推进，越来越多的国家出现城市人口过多、环境污染、资源短缺等问题，对于这些问题的解决已不仅仅涉及运筹学中的极值问题。因此，解析分析方法的运用已不能有效解决该类问题，而新的综合性的科学方法的纳入就具有了必要性。系统动力学方法就是在这种背景下发展起来的一种分析和研究社会经济系统的有效方法。

　　系统动力学最早于 1972 年由麻省理工学院福雷斯特（Jay Wright Forrester）教授提出。20 世纪 50 年代中期，福雷斯特教授运用"工业动力学"（Industrial Dynamics）来研究工业系统的企业，取得了较好的研究效果，随后福雷斯特教授将系统动力学方法运用于包括城市、地区、国家以及整个世界的更大的系统中，于 1969 年和 1971 年相继发表了《城市动力学》（*Urban Dynamics*）和《世界动力学》（*World Dynamics*）等著作。

福雷斯特教授的学生米都斯（D. H. Meadows）丰富了系统动力学的研究工作，于 20 世纪 70 年代初发表了第一份工作报告《增长的极限》（*The Limits to Growth*）。该报告代表了罗马俱乐部学派的观点，对于当时世界系统的分析结论较为悲观，认为如果保持当前世界人口、粮食生产、资源使用等增长趋势不变，则在未来 100 年内就会达到地球上的增长极限。该报告认为，可行的路径是改变现有经济社会的增长模式，将人口和工业增长保持在均衡状态，从而建立起生态和经济长久有续发展的稳定机制。

"增长的极限"这一较为悲观的预测结果发表后，引起了世界各国对于地球承载能力的关注。随着可持续发展思想得到广泛认同，运用系统动力学模型进行控制人口、保护环境、节约能源和资源等思想范式分析取得了较好的研究结果。系统科学尤其是系统动力学的思想和范式获得了普遍的认可。本书将系统动力学的思想和范式应用于矿区土地利用的分析中，探索符合绿色发展要求的矿区土地的合理利用路径模式。

第一节　矿业用地制度体系的结构分析

一　矿业用地制度体系的系统要素

社会规则具有复杂性，达尔文的生物进化论认为，生物进化遵循自然法则，在社会经济领域则要遵循效率、公平、正义等更为复杂的社会规则。此外，社会变迁还存在发展中的复杂性，各种利益群体的涌现、发展目标的不断变化使得发展具有复杂性，呈现动态变化的特征，这一复杂性可以用动态系统来说明。矿业用地制度体系与国民经济有关，涉及土地、矿产、土地权利人、矿业权人、社区居民等。这些制度和非制度要素共同构成了矿业用地制度体系。

二　矿业用地制度体系的行为目标和作用机理

（一）行为目标

矿业用地制度体系的行为目标是，合理利用土地，保障矿山企业的基本生产需求，兼顾社区生态环境和区域的可持续发展。

（二）作用机理

系统动力学的动力机制可概括为 6 种具有代表性的模型，即逐渐增长模型、成长衰减模型、上下波动模型、S 形曲线模型、生命周期模型、趋近目标模型。矿业用地制度体系中的动力机制更接近于 S 形曲线模型，即在区域矿业活动初期，所需的土地较少，对土地的扰动也较少，在持续性的矿业活动增长周期内，所需土地持续增长达到峰值，随后随着矿业活动的减少，所需土地也逐渐减少，最后彻底功能性地退出。整个矿业活动过程对于土地利用需求变化趋势呈现近 S 形动力曲线。

第二节　矿业用地制度体系的系统动能和因果路径

一　矿业用地制度体系的系统动能

合理利用土地是矿业用地制度体系的系统动能。十分珍惜、合理利用每一寸土地是中国的基本国策。这一基本国策蕴含着土地与人类生存发展的哲学理念。土地不仅是财富之母，也是人类赖以生存的根本。在工业化和后工业化社会，满足经济增长的产业模式以第二产业和第三产业为主，但是越来越严峻的环境问题表明，人与自然、人与土地之间的矛盾日益尖锐。土地虽非不可再生资源，但土地资源的承载能力、自净能力、地力均有限，土地资源、水资源、大气资源均存在利用阈值。合理利用土地，就是要根据土地的属性、位置、人类经济活动的需求（主要是产业需求），以及包含土地在内的生态环境的承载能力，在系统论的指导下形成可持续的土地利用模式。

二　矿业用地制度体系的因果路径

具体到矿区的土地，应在基础地质勘探活动已经探明矿藏储量、工程地质条件可行、矿藏禀赋符合进一步工作标准的条件下，确定矿业活动所需的功能性土地。由于土地总量不变，可供选择的是土地的用途和期限，矿业用地具有一定程度的临时性，随矿业的生产周期而变，且临时用地在矿业用地中的占比较大。矿业用地制度体系的线性因果路径，如图 5 – 1 所示。

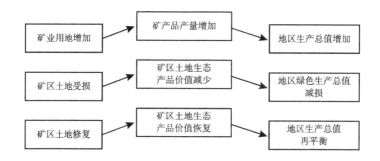

图 5 – 1　矿业用地制度体系的线性因果路径

根据矿业用地相关权利人的基本权利和义务，在矿业用地制度体系中着重考虑矿业开发直接的经济效益和环境影响，矿业开发经济效益所带来的基础设施改善、就业增加、民生改善等间接的社会效益不在此处考虑，所要达成的目标是要形成要兼顾经济效益和生态效益、技术上可行的矿业用地制度体系（见图 5 – 2）。可以用是否实现了该系统目标来判断矿业用地的健康程度，具体可结合下文中的矿区土地承载力和土地利用/覆盖变化研究，来构建具体指标进行评价。

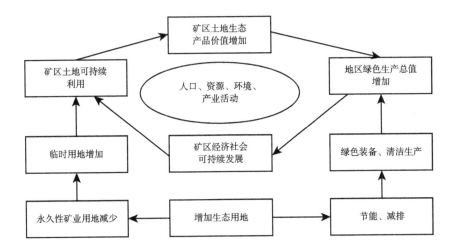

图 5 - 2　矿业用地制度体系的闭环型因果路径

第六章

系统论下完善中国矿业用地
法律制度的演化博弈分析

产权理论为高效公平的市场经济提供了理论基础，而要想建立关于财产的经济理论，必须先建立谈判博弈的经济理论。[①] 矿业用地该通过何种方式取得，有赖于分清土地和矿产资源的关系，并在此基础上采取合理的制度思路，平衡各方利益。矿业用地的取得涉及多方利益，这些利益选择的结果可能是零和游戏也可能是多方共赢，这有赖于合理的解决思路。博弈论研究竞争或合作关系的各方在面临问题时利益相关方如何决策及实施自己的行为，这与分析人们行为规范的法学研究不谋而合。因此，本书使用博弈论的方法来研究矿业权人与土地权利人之间的经济行为。

第一节　矿区土地取得的演化博弈分析

一　博弈论在经济分析中的应用

博弈论是现代数学的一个分支，因广泛应用于经济学等社会学科

[①] 〔美〕罗伯特·考特、托马斯·尤伦：《法和经济学》（第六版），史晋川、董雪兵等译，格致出版社、上海三联书店、上海人民出版社，2012。

的分析，又被视作一种经济社会分析方法。

博弈论在经济分析中的应用较为广泛，形成了著名的囚徒困境模型、智猪博弈模型以及更为复杂的多阶段博弈模型、演化博弈模型等。将博弈论方法应用于经济分析，可以解决经济行为选择中信息不完全、信息不对称等问题。将博弈论方法运用于法律分析，可以解决多方行为的经济收益问题，因此备受法律经济分析学派推崇，并成为法律分析中的一种重要方法。矿业用地制度设计中的法律问题，更多的是从经济层面衡量需要解决的问题，故应用博弈论方法进行分析具有恰当性和合理性，可以较好地还原行为主体的经济行为动机和收益。故此，本书构建了矿区土地利用的博弈模型。

二　中国矿业用地法律制度博弈模型的构建

由于现行的法律规定，采矿权人在通常情况下只能通过国家取得土地，当采矿权人因为建设用地指标紧张而不能取得土地时，为了满足自己行使采矿权的需要，会选择与土地权利人私下协商。由于此种情况下的采矿行为不会在城市范围内开展，采矿权人选择的土地权利人为农村集体经济组织以及对土地享有实际权益的集体经济组织成员，后者的决策和行动通常具有一致性，此处视为同一主体。本部分对采矿权人和土地权利人在此情形下的行动策略构建标准博弈模型。

设定研究的前提为采矿权人和土地权利人具有平等的法律地位，不涉及《矿产资源法》第20条规定的重要矿脉及法律规定的限制开采等例外情形，政府对于采矿用地的取得持中立态度。在这个博弈模型中，参与人为采矿权人和土地权利人。对于采矿权人而言，他的主要目标是获得土地使用权，顺利开展采矿活动。

笔者通过使用传统的博弈理论模型，以标准形式博弈来模拟采矿权人和土地权利人之间的相互作用，以此作为分析起点。标准形式博弈至少包含三个元素：①博弈的参与人（players），②参与人可能的战略（strategies），③每一可能战略组合下参与人的收益（pay off）。

在采矿用地取得的过程中，不考虑政府因素的影响，参与人有两个：采矿权人和土地权利人。

下一步通过考察当事人可能的选择来确定当事人可能的战略，或称为每个参与人的战略空间（strategy space）。定义战略空间可能是构造博弈理论模型最重要的内容。采矿权人和土地权利人可能的行为范围是宽泛的，将多少可能性置于模型之中，取决于对模型作用的预期。要研究不同的立法取向及这些制度所依赖的理性假设（the assumption of rationality），则需要参与人在两个行动中二选一的战略空间。因此，在本部分的模型中，每个参与人只有两个选择：采矿权人或是支付对价获得土地使用权，或是放弃使用土地；土地权利人或是同意采矿权人的对价让与土地使用权，或是不同意采矿权人使用土地。

标准形式博弈的最后一个元素是收益结构，笔者检验每种可能的战略组合，然后分别考察每种组合下采矿权人和土地权利人的收益。这种收益是与《物权法》和《土地管理法》的规定相一致的地租形式。以地租形式支付使用土地的费用是经济学中公认的一个原则，各国立法也普遍认可。在上述条件下，笔者运用标准形式博弈来比较不同战略下行为人的收益。

对于收益的表达有几种不同的方式，笔者想表达的是一方投入的功效取决于另一方投入的状态。最简单的表述方式是以数值来计量双方行动的成本（数值只表示相对的成本）和反映他们相互关系产生的功效。这些数值一般只能反映双方当事人就土地使用权让与这个行为过程的行动成本。

在构造的模型中，采矿权人如果取得土地使用权花费为 10，没有取得土地使用权所造成的直接的误工花费为 100。笔者假定除非采矿权人取得土地使用权，否则就会造成直接的误工花费 100。这里需要说明，关于误工花费也可以做出不这么极端的假定，不过做出这个假定可以在实现问题简化的同时不影响研究立法的不同价值取向所能带来的功效。因此，在双方可以自由谈判来决定是否就土地使用问题达成合作的条件下，如果双方不合作，则采矿权人的收益为 -100，土地权利人的收益为0。这里笔者假定土地权利人不能从他人处获得收益，土地权利人原先收益也较少，可忽略不计。如果采矿权人合作而土地权利人不合作，则前者的收益为 -100（误工花费），而后者的收益为0（行为收益，因为除非双方同意，否则就不能达成合作）。如果采矿权人不合作而土地权利人合作，则采矿权人的收益为 -100（误工花费），而土地权利人的收益为 -10（土地权利人10的合作投入）。

笔者构造一个标准博弈模型来反映双方的作用关系。在对这种相互作用关系模型化时，通常重要的一步是考虑参与人拥有的信息。在采矿权人与土地权利人的博弈中，双方既知道自己的收益，也知道对方的收益，他们同时还知道自己可供选择的战略以及对方可供选择的战略。唯一不知道的是对方具体选择了哪一种战略，在本模型中的情形就是他们不知道对方是合作还是不合作。因此，这是一个具有完全但不完美信息（complete but imperfect information）的博弈。与此相对应，如果一个参与人不知道对方除了战略选择以外的某些信息，比如对方的收益状况，则这个博弈是不完全信息（incomplete information）的博弈。还有一种可能的情况是两个参与人都完全了解博弈的结构并且一方参与人能观测到另一方参与人的战略选择结果。这里，可能的情况是土地权利人在决定是否合作时能观测到采矿权人的决策。在这种情况下，得到一个完全且完美信息（complete and prefect information）的博弈。

笔者在此用一个二元矩阵（binary matrix）来表示涉及两个参与人的标准形式博弈。每个参与人在为数不多的不同战略中进行选择，二元矩阵的每一格给出了相应战略搭配下每个参与人的收益情况。按照惯例，每一格中第一个收益值是位于行位置的参与人的收益，第二个收益值是位于列位置的参与人的收益。图 6－1 中，任意假定土地权利人是行位置的参与人，采矿权人是列位置的参与人，从而土地权利人的收益是每格中第一个收益值，采矿权人的收益是每格中第二个收益值。

图 6－1　标准博弈矩阵

笔者在图 6－1 中将土地权利人和采矿权人之间的相互作用归结为一个标准形式的博弈，接下来对这一博弈进行求解。首先确认参与人可能选取的战略，其次预测博弈可能的过程。下面利用解的概念来对本博弈矩阵进行求解。这里解的概念是指博弈中的参与人将如何选择战略以及在给定参与人的目标下这些战略具备什么样的特征。博弈的求解过程即为确认参与人将选取哪一个战略的过程。

笔者必须先就参与人如何做出决策做一个基础性假定，参与人理性意味着他们总是偏好于更高收益的结果而不是更低收益的结果。笔者用数值来表示收益，这里的收益是一种相对收益。因为本分析模式核心的基本假设是参与人为经济人，他们只关心自身利益最大化。基于通常情况下，给定其对他人将如何行事的信念，参与人总是会做出有利于自己的最佳决策。

当确定参与人行为的理性含义后，笔者对采矿权人可能选择的战略进行确认。在笔者构建的博弈模型中，合作给采矿权人带来了 10 的成本亦即可得到 90 的收益，不合作给采矿权人带来了 100 的成本却没有收益，也可以说带来了 -100 的收益。因而对于采矿权人来讲，合作总比不合作好。故此，能够预测采矿权人的选择，找出采矿权人的占优战略。本模型中存在一个战略——无论土地权利人如何选择战略，合作对于采矿权人来说都是更好的，这个战略属于严格占优战略。参与人的占优战略是指，如果无论其他参与人选取什么战略，对于该参与人来说当前的战略都是最好的战略情形。相应地，如果一个战略总是比其他战略差，则它是"严格劣"的。

根据这一思路，笔者得到第一个解的概念，如有可能，一个参与人总会选择一个严格占优战略并且总是不选择任何严格劣战略。这是所有博弈理论中最强的观念。即当参与人认为选择一个特定战略总是比选择其他战略更好时，他们将选择这一特定战略。这个解本身可以说明采矿权人将干什么，但这里仍然不能利用这个解来预测土地权利人的行为，因为土地权利人可供选择的战略不存在劣战略。这就意味着当采矿权人合作时土地权利人也应合作，当采矿权人不合作时土地权利人也不应合作。土地权利人占优战略也为合作。

为了预测土地权利人的行为，笔者需要进一步利用参与人将选取占优战略的思想。参与人不但会选取严格占优战略，还会预测其他参与人也将选择的占优战略从而采取相应的对策，即可以预测土地权利人将根据采矿权人不会选择一个严格劣战略的思想而选取自己的战略。在这一思想引导下，笔者得到第二个解的概念，即重复占优。重复占优是指一个参与人认为其他参与人不会选择严格劣战略，并依此来决定自己的行为；进一步，一个参与人相信其他参与人同样会认为他不会选择严格劣战略并且他们也是依此行事的；同时，一个参与人还依据这样一种信念来决定自己的行为，即其他参与人认为他相信其他参与人不会选取严格劣战略；如此递进，直到无穷。

在采用重复占优的解的情况下，可以求解出图 6-1 所示的博弈。

土地权利人认为采矿权人将采取合作的战略，因为合作是一个占优战略。假定一旦土地权利人不合作，无论采矿权人如何做，都会造成采矿权人利益受损而土地权利人利益不受影响的情形。土地权利人不合作固然没有收益，但合作也并未给他带来明显收益。因此，这里不能得出只要采矿权人合作则土地权利人就会合作的结论。但根据模型的假设可以得出除非采矿权人合作否则必然会承担利益受损的结果。

所以，在模型中包含了一个确定的预测，即在一个可以双方自由协商的环境中，采矿权人只有在合作的情况下才会有收益，否则利益就会受损。因此，采矿权人没有激励来保持不合作，如果采矿权人采取不合作的战略，这一战略会使采矿权人承担所有的损失，这就严格劣于合作战略。因此，只有采矿权人合作才会是占优战略。故而，如果有一种能引导采矿权人与土地权利人合作的法律规则存在，则双方的收益状况都能提高。相应地，一种允许土地权利人不合作的法律制度具有一个内在倾向，要么土地权利人不合作，要么土地权利人合作也不会有明显的收益。这表明，虽然合作对双方都有好处，因为土地权利人合作有一个 10 的收益，而采矿权人有一个 90 的收益，土地权利人与采矿权人的收益并不是同等的，或者说双方没有共同收益，在经济人假设下，土地权利人就不会积极采取合作行为。从理性经济人角度，这一结论可以明确。

上述的不合作战略劣于合作战略印证了这样一个观点：在一个土地权利人不合作而无须承担成本的世界中，土地权利人一般不会主动去合作和内在化他们行动的成本。土地权利人享受着合作带来的所有收益而不承担由此引起的所有成本，这存在危害采矿权人权利的风险。不过，当把采矿权人和土地权利人的问题以二元矩阵的形式表示出来时，可以对土地权利人的激励一目了然，但这里无法得出最终结论。因此，在下一部分的博弈模型中，对法律制度的变化将如何同时改变对采矿权人和土地权利人的激励做进一步观察。

三　中国矿业用地法律制度博弈模型的扩展

根据上文博弈模型中得出的结论，可以利用不同行为模式下的采矿权人和土地权利人的博弈情况，来对法律制度如果发生调整会给当事人行为带来什么样的变化进行比较分析。这里博弈仍然具有相同的参与人和相同的可供选择的战略，但笔者通过增加改变法律制度这一条件来改变参与人的收益情况。笔者使用扩展式博弈树来进行分析。笔者假定采矿权人在任何战略支配下的收益都将考虑到采矿权人支付给土地权利人的地租以及采矿权人自身经营中所要支付的成本。土地权利人的收益则由采矿权人支付的地租以及自身的战略所决定。而地租、收益和成本将由特定战略搭配下合作规则以及双方达成合作的概率来共同决定。这里，采矿权人和土地权利人的博弈用图 6-2 标准博弈扩展式进行表述。通过扩展式可以动态地观测到当事人依次行动时的战略，这更接近于现实中的采矿权人要取得土地使用权的策略。参与者仍然是采矿权人和土地权利人，采矿权人先行动，在两个行动——合作或者不合作中择一；土地权利人接着行动，同样选择是合作还是不合作，土地权利人位于两个节点之一，一个节点是采矿权人合作形成的，另一个节点是采矿权人不合作形成的，这时土地权利人并不知道博弈到底进入哪一个节点，笔者把所有节点归于一个信息集。在扩展式中，参与人的一个战略是指他在博弈中每个信息集所采取的行动。在博弈中，采矿权人有一个占优战略——合作，而土地权利人认识到这一点也将选取合作战略，双方都合作的战略组合是该博弈唯一的纳什均衡。

这里应用最后明确机会原理，即如果采矿权人能观察到土地权利人的决策就可以通过改变自己的决策来改变收益。在这种情况下，即使土地权利人不打算合作，采矿权人也会通过加大谈判力度来争取土地权利人的合作。

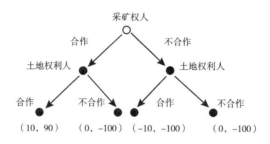

图 6 - 2　标准博弈扩展式

因此，笔者通过图 6 - 2 中在土地权利人行动之后增加一个采矿权人的行动并用扩展式进行表述。无论采矿权人一开始是否打算合作，他能观察到土地权利人是否打算合作从而决定是否要争取合作。采矿权人是否合作的节点不是位于同一个信息集（从而不能用虚线连接起来），因为采矿权人做出这一决策时知道土地权利人所采取的行动。

但是这里战略与行动之间不再存在一一对应的关系。现在一个战略包括几个行动。在一开始合作的情况下，如果土地权利人合作就不加大合作的成本，如果土地权利人不合作就加大合作的成本。而从理性角度出发，当采矿权人的合作成本大于他的边际收益时，采矿权人将不会继续采取合作的态度。现实中成为呆矿的矿山在一定程度上存在这种问题。

采矿权人在没有法律保护的情况下，存在选择私下与土地权利人协商使用土地的可能。在这种情况下，当土地权利人认为他所获收益小于他付出的边际成本时，土地权利人通常就会对采矿权人的活动进行干扰，以期获得更大收益。如果未能得到满足，采矿权人可能会面临停产甚至法律纠纷，这就回到了采矿权人未能获得土地时的损失状态。

笔者从集中考察土地权利人的推理过程开始。土地权利人做出第一个行动，是要确定在给定自己的行动后采矿权人将如何行动，并进而依此决定是否合作，这里采取逆向归纳推理法。可以看到采矿权人采取合作的态度后土地权利人面临的选择，在此选择基础上根据假设采矿权人已经决定合作，土地权利人要权衡两种可能的收益——10 和 0。前者优于后者，所以如果选择的话，土地权利人将选择合作（见图 6 - 3）。

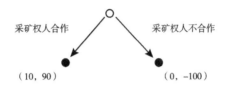

图 6 - 3　标准博弈逆向推理扩展式

根据上述的参与人决策结论，虽然合作对双方都有好处，土地权利人合作有一个 10 的收益，而采矿权人有一个 90 的收益，但是土地权利人并不是与采矿权人有着同等收益或共同收益。在经济人假设下，土地权利人就不会积极采取合作行为。而在土地权利人不与采矿权人合作的情况下，土地权利人的收益为 0，采矿权人的收益为 - 100。作为一个理性的土地权利人。他会发现，如果采取不合作的策略，与采矿权人的损失相比，自己没有损失，因而，土地权利人也可以采取不合作，这一结论可以明确。笔者发现这一逆向推理结论与笔者先前建立的标准博弈模型的结论相冲突。这一结果并不符合采矿权人和土地权利人的事前利益。

四　中国矿业用地法律制度博弈的占优均衡

在采矿用地取得模型中，已知土地权利人在给定状况下的行动，可以截短博弈树，把已知的土地权利人不会选取的战略剔除掉。图 6 - 4 表示截短后的博弈扩展式。一旦博弈树这样截短后，采矿权人就能看到行动的结果。

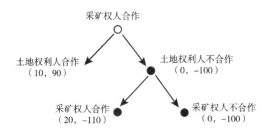

图6-4 截短后的博弈扩展式

在土地权利人不合作的情况下，采矿权人也选择不合作会使其损失最小化，因而采矿权人将选择不合作，但这一结果不符合采矿权人和土地权利人的事前利益，他们将寻求把这一博弈转换成具有不同解的另一博弈。而司法干预的合同可以理解为被设计用来转换该博弈的一种机制。一种允许采矿权人在土地权利人不合作时请求法院以强制土地权利人合作并要求土地权利人支付诉讼费和律师费的法律规则可以使当事双方的合作成为可能。该规则不但阻止了土地权利人不合作的行为，还要求土地权利人支付诉讼费和律师费。土地权利人可能不争诉，从而没有诉讼成本，但笔者假定这一司法行为要求土地权利人补偿采矿权人的诉讼成本，金额为10，这一法律规则将采矿权人和土地权利人之间的博弈转换为如图6-5所示的博弈。

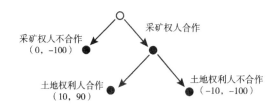

图6-5 基于司法介入的强制进入博弈扩展式

笔者再次运用逆向归纳推理法来观测最后参与人面临的决策。当土地权利人必须决定是否合作时，土地权利人合作要比不合作好。土地权利人无法拒绝合作，任何拒绝合作的努力都会使土地权利人面临诉讼成本，这远不如合作获得 10 的收益。土地权利人合作更好，而采矿权人一开始就选择合作占优。不合作会使土地权利人面临支付诉讼成本的损失，博弈变成土地权利人出于自身利益而同意合作，并且更为重要的是，采矿权人出于自身利益而在开始时就选择合作。因此，在附加了有条件的司法介入的强制进入博弈下，采矿权人和土地权利人均选择合作成为严格占优战略。

采矿用地管理的目的是规范矿业开发活动和土地利用活动秩序，而矿业开发活动和土地利用活动都是经济行为，如前文所述，笔者对采矿权人和土地权利人权益进行干预是基于国家干预主义。笔者发现国家干预主义对于解决采矿权人和土地权利人的冲突起到积极作用。

第二节　完善中国矿业用地法律制度博弈模型的福利分析

一　系统论下的福利分析

虽然立法规定采矿用地可以通过租用、征收后出让、征收后划拨等途径取得，但是由于立法将采矿用地归为建设用地进行管理，受土地用途管制及建设用地指标限制等因素的影响，在实践中，矿业用地在大多数情况下是通过采矿权人与土地权利人私下协商租用的方式取得，这是基于多方利益博弈的结果。这种博弈往往反映矿业利润与土地产权利益之间的博弈。采矿权人为获取矿业用地往往会支付高于正常地租的地价获取土地。这说明采矿权人在博弈中居于劣势地位。这对于采矿权人的利益、土地的管理制度以及中国法律制度体系都是实质性的破坏。

从社会福利角度来看，在矿产资源开发利益和其他类型的土地利用利益发生冲突的情况下，由于矿业用地的专用性，对一种权利的保护会使得另一种权利丧失。因此，无论保护上述何方利益，总会出现一方获益而另一方不获益的情况。如果同时放弃上述两种利益，那这种结果会使双方均无法获利。因此，必须在矿产资源开发利益和其他类型的土地利用利益之间进行选择。

社会福利的评价可以用效用指标来计算，公式为

$$W = W \ (U_1, \ U_2, \ \cdots, \ U_n) \tag{6-1}$$

式 6-1 中，W 表示社会总福利，U_1，U_2，$\cdots$，U_n 表示个体经济效率，根据社会福利的基本理论，社会福利的总函数应当是个体福利的增函数。这里个体福利可以用经济效率来表示，当个体经济效率实现帕累托最优即个体经济效益均衡的情况下，社会福利可实现最优。通过前文中的博弈分析可知，在采矿权人和土地权利人可自由协商以及可通过一定的制度保证来避免逆向选择风险的情况下，双方达成合作是双方的最优选择，对于双方而言都实现了个人经济效用的最优。这种合作使得采矿权人取得土地进而开展采矿活动，因而笔者通过构建博弈矩阵比较矿产资源开发和原有土地使用方式下的土地利用效率。

在一个特定的具有矿产资源开发潜力的区域，要选择产业发展模式，必然会涉及区际分工，根据李嘉图在亚当·斯密绝对成本学说基础之上提出的相对成本以及之后学者们提出的比较优势理论，可以通过一些指标的测量来衡量某种产业模式是否具有优势。这里笔者将产业关联系数作为衡量土地利用效率的依据，产业关联系数可以用产业影响力系数和感应力系数作为指标。

二 福利的来源：矿业关联与矿业区域发展

产业前向关联系数的公式为

$$L_{F(i)} = \sum j x_{ij}/x_i \quad (i = 1, 2, \cdots, n) \qquad (6-2)$$

产业后向关联系数的公式为

$$L_{B(j)} = \sum i x_{ij}/x_j \quad (j = 1, 2, \cdots, n) \qquad (6-3)$$

其中，$L_{F(i)}$ 为 i 产业的前向关联系数，x_i 为 i 产业的全部产出，x_{ij} 为 i 产业对 j 产业提供的中间投入；$L_{B(j)}$ 为 j 产业的后向关联系数，x_j 为其他产业对 j 产业的全部投入，x_{ij} 为 j 产业从 i 产业获得的中间投入。根据历年全国投入产出表进行整理，中国部分产业部门间直接关联系数如表 6-1 所示。

表 6-1　中国部分部门间直接关联系数

行业代号	行业	$L_{F(i)}$	$L_{B(j)}$
1	农业	0.54406	0.40228
2	煤炭采选业	0.84457	0.46980
3	石油和天然气开采业	0.99443	0.39833
4	金属矿采选业	1.14884	0.62187
5	其他非金属矿采选业	0.85895	0.54845

由表 6-1 可知，采矿业的前向关联系数和后向关联系数普遍高于农业（石油和天然气开采业的后向关联系数除外）。

参照表 6-1 中的数据，笔者假定矿产资源开发土地利用效率为 15，农业土地利用效率为 10，构建博弈矩阵如图 6-6 所示。

在这个博弈矩阵中，笔者观察到，基于经济效率考虑，进行矿产资源开发是占优策略。矿产资源和土地资源具有不同程度的稀缺性。采矿业和农业都是中间投入型基础性产业，对于采矿业和农业而言，土地均为需要投入的重要生产要素，但采矿业的关联系数明显要高于农业。就产业发展而言，产业影响力系数和感应力系数较高，会辐射

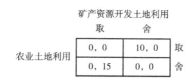

图 6 - 6　矿产资源开发土地利用效率和
农业土地利用效率博弈矩阵

性地改变一个地区的产业结构和社会演进历程。采矿业的资源投入效率要高于农业，因而在埋藏有矿产资源的农用地上，当原先土地利用利益与矿产资源开发利益发生冲突时，应当优先选择矿产资源开发，这样可以实现土地利用效率的最优，进而实现经济效益的最优。这里讨论的情形与前文相同，不包括法律规定的特殊公共利益情形。

罗纳德·科斯在《企业的性质》一文中指出，只要产权是清晰的，并且交易成本为零或者很小，无论在开始时将财产权赋予谁，市场均衡的最终结果都是有效率的，会实现资源配置的帕累托最优。[1] 前文所述的博弈分析正是建立在产权清晰和相关主体自由协商的基础上。因此，可以得出结论，对矿业用地进行有条件的产权保护，并在土地利用利益与矿产资源开发利益发生冲突时优先选择矿产资源开发，可以实现土地利用效率的最优，进而实现经济效益最优，最终实现社会福利最优。

三　中国矿业活动的环境负外部性问题与解决思路

如果科斯理论可以用于抉择是进行矿业开发并接受矿业开发可能带来的外部性，还是不进行矿业开发保留原来的用地模式，在矿业用地模式确定后，在用地过程中、用地完成后的修复过程中以及矿业用地的退出制度中，对于环境的负外部性问题以及解决思路也应当从社

---

① R. H. Coase, "The Nature of the Firm," *Economics* 4 (1937) .

会福利角度进行考察。

　　传统理论认为，矿业活动对于社区及生态环境具有不利影响，主要包括烟尘排放、抽取地下水、侵蚀和冲击、氧化物和其他化学品释放、生境改变等几个方面。这种不利影响会造成矿业活动利益相关方以外的其他人和环境的非预期福利损失，因此是一种负外部性。这种负外部性影响主要涉及大气、水体、土壤和生境四个方面，这四个方面又是具有有机循环联系的一个系统。大气、水体、土壤、生境改变都会影响土地资源的利用效率。图 6 - 7 具体展现了矿业活动会对土地资源及生态环境产生的负外部性。

　　美国环保署曾对矿物资源开采（尤其是硬岩矿）的外部性（环境影响）进行分析，研究指出，矿物资源开采的外部性是局部的、持久的、严重的。[①] 另外，美国机械与制造业环境媒介服务中心在 2002 年的一项研究表明，美国废弃矿山多达 50 万个，清除费用估计为 320 亿～720 亿美元。

　　可见，工业化进程中矿业活动的环境负外部性问题并非中国独有的问题。而且，中国一直重视矿山地质环境治理，近年来矿山地质环境治理的财政资金保障力度不断加大（见图 6 - 8）。矿山地质环境恢复治理成效明显。《中国矿产资源报告 2016》的数据显示，截至 2015 年底，全国完成矿山地质环境恢复治理面积约 81 万公顷，治理率为 26.7%。

　　矿山地质环境的恢复治理过程是解决矿业活动的负外部性的过程。一般而言，矿业活动的负外部性主要体现在采矿用地的使用过程中。具体到矿业开发活动，采矿活动对于土地的负外部性影响会根据开采方式的不同而有所区别。对于露天采矿而言，土地的物理负外部

---

① 〔美〕赫尔曼·E. 戴利、乔舒亚·法利：《生态经济学：原理和应用》（第二版），金志农、陈美球、蔡海生译，中国人民大学出版社，2014。

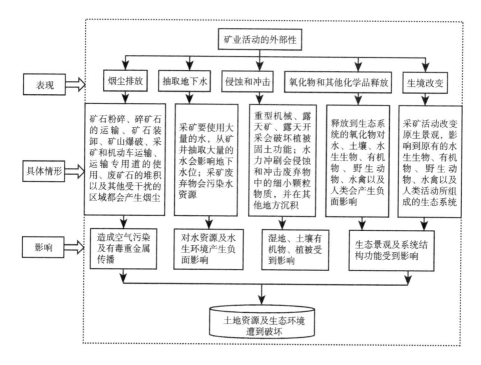

图 6 - 7　矿业活动的负外部性示意

资料来源：EPA Office of Waste Water Management, Hardrock Mining: Evironmental Impacts, http://cfpub. epa. gov/npdes/docs. cmf? view = archivedprog&program_ id = 14&sort = date_ published。

性相对较小，采矿活动和土地复垦可以同时进行。但露天采矿活动后期关联的洗选流程会对土地造成化学负外部性影响。对于一些特殊矿种，采用酸化方式露天开采，则会产生更为严重的土地负外部性影响，需要投入一定成本予以治理。对于地下采矿而言，需要修建井道，采矿活动结束后往往会形成巨大的矿坑，这会实质性地改变这宗土地的地貌、植被及景观，因而也会产生一定的负外部性。这些负外部性不仅会影响原先的土地权利人，也会对当地的社会发展模式产生深远影响。

对于矿业活动的负外部性问题的解决思路，经济学中经典的观点

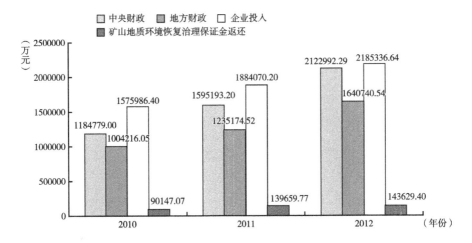

图 6-8　2010~2012 年中国矿山地质环境恢复治理投入情况

资料来源：《中国国土资源年鉴 2013》。

大致分为两类，一类是管制政策，另一类是以市场为基础的政策。管制政策要求企业生产符合一定的环境标准，减少污染物的排放，通过改进工艺提高矿产资源综合利用标准，尽可能采取环境友好型的生产模式。尽管矿业活动存在较为明显的负外部性，但作为基础性产业其仍有必要存在，因此，应当寻找一条既能满足产业发展需求又能满足环境保护要求的发展道路，让矿业活动以社会可接受的方式开展。以市场为基础的政策思路可细分为庇古主义和科斯主义。阿瑟·庇古认为，可以通过税收方式使得企业的外部成本内部化，即通过税收来弥补排污者生产活动中的私人成本与社会成本的差距，使二者相等。通过此方法，可减少污染至帕累托最优水平以实现资源的有效配置。罗纳德·科斯的产权理论认为，市场主体之间的负外部性有交互性，税收并不能解决问题，以税收来纠正的方式并非解决问题的最优方式，最优方式是避免较严重的损失，而损失的避免是可以通过交易来解决的。科斯定理表明，"不管初始产权如何配置，只要交易人数不是太多，没有交易费用，最后的结果都是最好的"。综合管制政策和以市场为基础的政策的观点，制度对于解决经济发展中的外部性问题至关重要。当开发收益大于环境污染成本时，应该开发。要解决矿业活动的负外部性问题，最重要的是应确定污染的最优水平，并在产权明晰的前提下进行市场化交易，结合排污收费和税收调节，可以有效增进社会福利进而抵消对环境的负外部性影响并实现环境的再造，与既满足当代人需要又不损害后代人满足需要的能力的可持续发展理念是一致的。

已有研究表明，环境污染与经济发展水平存在直接关联关系。高斯曼和库格通过实证研究提出，污染与人均收入水平之间的关系为"污染在低收入水平上随人均 GDP 的增加而上升，在高收入水平上随GDP 的增加而下降"。帕纳尤多借用库兹涅茨界定的人均收入与收入不均等之间的倒 U 形曲线提出了环境库兹涅茨曲线，认为在工业化进程中，伴随着人均 GDP 的增加，环境污染程度将呈现上升趋势，但随着人均 GDP 的进一步提高，环境污染程度会呈现下降趋势。[①]

从中国环境污染总体情况来看，废水、废气、废渣等环境污染物的排放量一直呈现上升趋势。这里用环境库兹涅茨曲线来说明中国工业化进程中生态环境状况与人均收入状况的变化。环境库兹涅茨曲线表明，环境污染水平会随着社会的进步而先升高后降低，并且在经济高速发展阶段，往往伴随着较高的环境污染水平，这一规律表明中国的经济社会政策应当是通过发展经济来治理污染。环境库兹涅茨曲线显示，一国在从贫穷向富裕迈进的过程中将经历一个污染水平不断升高的过程，但随着富裕程度的不断提高，政府及国民愿意牺牲一部分经济利益来换取良好的环境。有国外学者运用环境库兹涅茨曲线就中美污染治理与经济发展水平展开研究，认为中国环境治理要比美国同

[①] 孙翱、张应伟、王娜、王晨航：《基于环境库兹涅茨曲线理论的中国"先污染，后治理"问题的研究》，《环境科学与管理》2010 年第 8 期。

期好。就世界各工业发达国家历史经验来看，大多数国家在人均年收入达到 1.7 万美元时开始治理污染，美国于 1960 年开始治理污染，当年美国的人均购买力（相当于人均年收入）为 2.8 万美元，中国在这一指标达到 1.4 万美元时已经开始注意这一问题。[①] 如果用环境库兹涅茨曲线来表示的话，中国环境库兹涅茨曲线的峰值应当低于世界平均水平（见图 6－9）。这有力地说明，中国环境会在政策引导下提前进入快速改善时期。具体到矿业用地方面，这既可以解决历史遗留的矿业用地治理问题，也是中国进入矿业用地利用、矿产资源开发与环境保护并行改善的快速发展新阶段的标志。

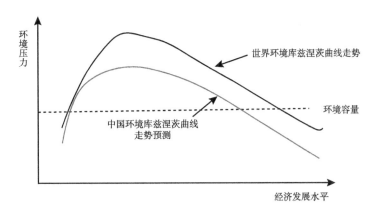

图 6－9　中国环境库兹涅茨曲线走势预测

矿业开发的可得利益在一定程度上使社会共享了财富，矿业开发造成的负外部性影响也应当在一定程度上由社会共同承担。因此，通过中央财政和地方财政共建的方式补充部分修复费用，以及将部分不能修复的土地作为另行用途的国有建设用地，亦是可取的。

赫尔曼·E. 戴利和小约翰·科布认为，可持续发展是经济增长

---

① 王晓：《美媒：根据环境库兹涅茨曲线 中国环境治理比美国同期好》，观察者网，2016 年 12 月 21 日。

没有超过生态环境承载力的发展。赫尔曼·戴利认为，技术进步会改变罗马俱乐部在 1972 年提出的零增长论，人类在必要时应该不惜放弃短期经济增长和资源消耗，以维持整个社会保持较高生活水平的长期稳定与发展。[①] 罗马俱乐部在 1978 年和 1995 年提出，将科学技术、经济制度、社会政治结构以及自然资源拥有量与生态环境状况共同作为经济增长速度的限制因素。因此，人类的经济活动与自然、环境、生态之间的矛盾可以通过经济制度和技术进步进行调和，可以通过提高资源的综合利用率、降低污染排放量、采取生态友好型的破解经济活动负外部性手段，实现与生态环境承载力相匹配的可持续发展。

因此，从可持续发展理念的角度出发，矿业用地的退出制度不应当仅从管制政策或市场手段等方面入手，而应当采取折中的综合措施予以完善，只有这样才符合中国的国情和现实发展需要。

笔者建议构建绿色矿业用地法律制度以及"四位一体"的三阶段采矿用地法律关系（见图 6 – 10、图 6 – 11）。

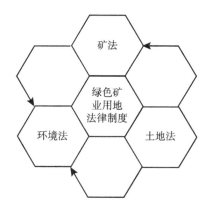

图 6 – 10　绿色矿业用地法律制度

---

① 王军主编《资源与环境经济学》，中国农业大学出版社，2009。

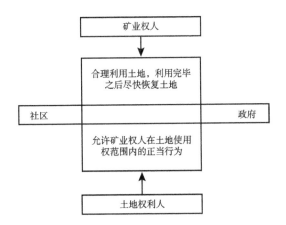

图 6 – 11 "四位一体"的三阶段采矿用地法律关系

这里的恢复土地是指尽可能地使土地恢复原有的状态，或者具备与原有状态等价的生态功能或经济功能。

根据前文对具有矿产资源开发潜力的区域产业发展的福利分析，富有矿产资源开发潜力的区域在其他条件相同的情况下，从产业发展角度来看，从事矿业开发对土地利用而言是最优的，这种开发模式是多方受益的，因此，对于矿业开发的负外部性影响，应由受益方共同承担。也就是说，由矿业权人、土地权利人、政府、社区共同作为矿业用地退出中对土地负有土地恢复义务的主体，并在矿业权的取得、矿业权的行使、矿业权的终止三个阶段保障对矿业用地的合理、集约利用。这种方式可以促进矿业发展的绿色化、生态化，减少矿业开发的负外部性影响。

下面以广西平果铝土矿试点改革方式与传统的采矿用地取得方式为例展开对比分析。

《土地管理法》和《物权法》规定的采矿用地取得方式，是运用行政手段解决经济问题的典型方式。尤其是《物权法》关于建设用地取得方式中，将建设用地使用权等同于国有建设用地使用权，对集体建设用地及集体土地上的营建权利设置限制。这样虽然有利于国家统一管理土地利用行为，统筹建设行为，但是会对采矿权人行使权利构成障碍。在安排矿山企业使用土地从事矿业开发方面，政府管理的建设用地取得模式使得矿山企业的用地成本很高，在一定程度上制约了矿业的发展，使矿山企业背上了沉重的土地包袱。而在租用模式下，这种情况得以缓解。

笔者对采取建设用地出让模式和只转不征的临时用地模式下采矿权人用地成本进行对比分析（见表6-2）。以广西平果县为例，在建设用地出让模式下，实践中主要依据《土地管理法》、《广西壮族自治区基础设施重大项目建设用地被征用土地年均产值基数标准和拆迁补偿标准》以及《百色市人民政府关于公布征地统一年产值标准的通知》等法律文件执行，而对只转不征的临时用地模式主要根据试点文件具体实施。

表6-2　两种模式下采矿权人用地成本比较

项目	建设用地出让模式	只转不征的临时用地模式
矿业权人需要付出的成本	国家收取新增建设用地土地有偿使用费为3200.02元/亩，地方收取新增建设用地土地有偿使用费、土地出让金、耕地占用税、耕地开垦费、契税等税费，合计为41404.46元/亩，农村集体经济组织收取临时使用期的土地补偿费、工程复垦期的土地补偿费、生物复垦补偿费、地力恢复费和青苗补助费合计18962.50元/亩，企业支付的其他管理税费合计63566.98元/亩	国家收取新增建设用地土地有偿使用费为960元/亩，地方收取新增建设用地土地有偿使用费、土地出让金、耕地占用税、耕地开垦费、契税等税费，合计为28910.80元/亩，农村集体经济组织收取临时使用期的土地补偿费、工程复垦期的土地补偿费、生物复垦补偿费、地力恢复费和青苗补助费合计15382.00元/亩，企业支付的其他管理税费合计48833.31元/亩

资料来源：中国土地矿产法律事务中心、国土资源部土地争议调处事务中心报告。

从各项税费标准来看，相较于只转不征的临时用地模式，建设用地出让模式下采矿权人节省的费用为3200.02+41404.46+18962.50+

63566.98 － (960 ＋ 28910.80 ＋ 15382.00 ＋ 48833.31) ＝ 33047.85 （元/亩），平均每亩节省的比例为 26% 。对于采矿权人而言，只转不征的临时用地模式解决了建设用地指标紧张、用地手续复杂且等待时间漫长、采矿活动结束后未到土地使用权期限导致土地闲置等问题，卸掉了土地包袱，落实了采矿权人所享有的土地使用权。而土地权利人只是损失了几年的土地收成，却在矿山企业的带领下，获得了暂时的经济来源，并且在矿业权人还地后仍可继续从事农业活动，这使当地村民得到了切实的福利。同时，通过矿业开发，当地基础设施得以完善，社会民风开化，促进了社会治理的完善。

矿山企业在取得建设用地使用权后，大多数情况下总是基于利润最大化的目标来安排自己的生产经营行为，而建设用地使用权的期限较长，采矿活动又必然对土地和环境构成负面影响，在追求利润最大化的过程中，企业生产活动的负外部性问题往往不能得到很好的解决。学者们先前的研究证实了这一点。例如，矿山环境恢复治理保证金是确保矿山企业复垦和治理环境的资金保证，自然资源管理部门的规范性文件中一般都有建立矿山环境恢复治理保证金的规定，但在地方法规中却很少对此做出明确规定，更缺乏具体的实施办法，因此，大多地区目前并没有在全省实施该制度。[①] 此外，笔者发现只有当采矿活动对生态环境影响日益明显时，矿山环境恢复治理保证金制度才会得到贯彻落实。矿业经济存在生命周期，任何一个矿点都会存在资源枯竭的情形，而将生态治理义务设定为到矿山闭坑时履行，在资源枯竭的情况下，必然会出现治理不利、权责不清甚至国家买单的情况。有学者在针对矿山企业衰退转型期面临的主要转型成本的研究中指出，衰退产业退出面临的主要转型成本包括企业关闭破产的费用及

[①] 李显冬：《"中国矿业法修订"研究课题建议书（节选）》，《资源与人居环境》2007 年第21 期。

损失、劳动力安置和转移成本、健全社会保障体系需要支付的成本、环境治理和生态恢复成本、社会安全成本、纠错成本。[①] 而在实施过程中，这些矿山企业往往又是国有企业，因此在企业破产的情况下政府将承担主要经济责任。这些成本尤其是劳动力安置和转移成本以及环境治理与生态恢复成本是很大的，这给政府带来巨大的负担。在传统的建设用地模式下，就正常经营情况下的土地退出而言，矿山企业退出时不仅要退出其占用的土地，而且要进行环境治理和生态恢复。以山西煤矿企业土地退出为例，退出后的环境治理与生态恢复成本主要有：采煤沉陷区居民搬迁以及土地复垦的费用，矿区废弃地、矸石山、排土场的复垦和绿化费用，基础设施改造完善成本。[②] 此外，退出情况下的矿山环境的恢复治理采用"企业主导、政府验收"的方式，企业如果没有治理能力，也可支付治理费用由第三方进行治理，如《土地复垦条例》中规定的土地复垦规则。

这些法律事实反映的是，传统行政手段在采矿用地取得和矿区生态环境恢复治理中的不足，以及传统行政方式在解决矿业活动负外部性问题方面的短板。而在只转不征的临时用地模式下，通过协商和付费的方式明晰了采矿权人和土地权利人之间的权利与义务关系，在权责明晰的情况下，有利于企业履行义务，降低了企业经济活动的环境负外部性影响。由于原土地权利人的权利依然存在，只是受到了部分限制，这对矿山企业而言就构成了监督和制约，有助于企业出于经济利益考虑而履行治理环境的义务。在广西平果铝土矿试点过程中，根据《广西平果铝土矿采空区工程复垦验收标准》执行了还地前土地复垦及验收。较之前的环境治理和生态修复而言，减少了居民搬迁、

① 黄群慧、杨丹辉：《破除"资源诅咒"——山西省资源型与非资源型产业均衡发展机制研究》，经济管理出版社，2015。
② 黄群慧、杨丹辉：《破除"资源诅咒"——山西省资源型与非资源型产业均衡发展机制研究》，经济管理出版社，2015。

基础设施改造等诸多费用，减轻了企业的负担，也使土地权利人受益，同时符合《土地管理法》中保护耕地、保护农用地的思想以及中央文件中抓好"三农"工作、留住乡愁的精神。试点的实践结合产权界定、企业主导、市场作用、政府把关，在矿业用地使用上各方均实现了效用最优，因而符合资源配置的帕累托最优。

在交易成本为零的情况下，合法权利的初始界定会对经济制度的运行效率产生影响。在选择合适的社会安排来解决负外部性问题时，没有理由认为由于市场和企业不能很好地解决问题，政府管制就是必要的。当前，政府严格管理的建设用地模式正向着政府主导和监督的租用模式转变，企业和土地权利人产权的界定进一步明晰，清晰的产权界定又使得企业在配置资源和处理负外部性问题方面发挥了积极作用，而土地权利人在交易中可以最大限度地维护自己的利益，从而使交易的双方都实现了效用最大化。

因此，结合试点所取得的成果和经验，通过构建绿色矿业用地法律制度以及"四位一体"的三阶段采矿用地法律关系，实现动态的土地合理利用、用地过程保护与生态恢复并行发展，强化企业的资源保护和环境保护责任，解决矿业活动的负外部性问题。

四　中国矿业用地国家治理方式完善

在法治国家模式下，法律的正确制定和解释是国家经济治理的制度基础。因此，矿业用地法律制度构建过程是一个可完善国家矿业领域经济治理的过程。在这一过程中应当更好地发挥市场的决定性作用，并对国家经济治理做出更好的安排。前文中笔者论述了土地在矿业中的重要地位、中国矿业发展情况和未来走势、中国的土地资源立法和矿产资源立法的情况、涉及矿业用地的基本法律制度中存在的问题、矿业用地产权法律保障的重要性以及矿业用地管理制度改革的试点等内容，这些均回应了矿业用地领域同时涉及民商事法律关系和行政法律关系。因此，这就需要平衡以民法理论为核心的矿产资源所有权和土地所有权、矿业权和矿业用地使用权与其他土地权利人权利的用益物权关系，以及以经济法理论为核心的政府在矿业用地管理中的职责与权限的法律关系。

国家经济治理理论强调制度在经济发展中的重要作用，认为政府在经济发展中应当发挥反垄断、提供纯公共物品、消除负外部性影响、弥补市场失灵、改进或者增加信息的供应、采取措施解决失业和宏观经济失衡问题等作用。[1] 在土地资源和矿产资源等自然资源领域，由于生产活动存在负外部性，价格虽然可以提供关于稀缺性的信号，并且在没有出现市场失灵的情况下，这些信号通常会促进经济效率提高，但是在一些情况下，某些没有政府干预的市场行为是没有效率的。其中一个突出表现是在经济活动存在负外部性（污染）和存在未定价的权属不明的资源的情况下，政府的经济治理对于提高经济效率具有重要作用。由于矿业活动具有明显的负外部性，土地资源在一定条件下存在不能按照定价进行交易的情况。这就要求政府对矿业用地进行行政管理，并且管理矿业用地时的着力点应是弥补市场失灵。

另外，矿业本身具有"资源诅咒"的诱因。从现有经验来看，以矿业为主的发展模式下的矿产资源富集的地区无法自然地克服"资源诅咒"现象。[2] 这反映出市场规律对于矿产资源富集的地区、以矿业为主的发展模式具有局限性。在这种情况下，只有国家干预才能进行有效调节。

---

① 〔美〕约瑟夫·E. 斯蒂格利茨、卡尔·E. 沃尔什：《经济学》（第四版），黄险峰、张帆译，中国人民大学出版社，2010。
② 黄群慧、杨丹辉：《破除"资源诅咒"——山西省资源型与非资源型产业均衡发展机制研究》，经济管理出版社，2016；张贡明等：《破解"资源诅咒"：矿业收益、要素配置与社会福利》，商务印书馆，2016。

中国的土地管理政策应当适时进行调整以适应经济新常态和社会发展的新要求。虽然改革开放以来中国的经济奇迹与中国独特的土地制度安排和改革策略密不可分，但随着经济增长放缓，土地作为经济增长发动机的作用将大大减弱。目前，中国的土地政策面临双重挑战：一方面，传统的以地谋发展的模式难以为继；另一方面，新常态下已经不需要土地作为发动机来推动高速增长。中国未来城市建设的关注点将由增量用地向存量用地转变，不同人群分享土地利益的博弈是未来改革的关注方向，在不越过红线的前提下，提高土地利用效率，改善土地结构，是未来土地制度改革的着力点。[①]

因此，在"五位一体"的发展理念下，既要顺应经济发展、社会进步的需求，又要符合资源环境承载力的客观要求，对矿产资源和土地资源进行合理化的高效利用和保护是国家治理中需要关注的一个重要问题。结合矿业活动的特性以及矿业用地的排他性、附随性、临时性等，为了更好地管理矿业用地，笔者认为，应对矿业用地的国家治理做如下安排。

首先，从思路上，根据矿业活动和矿业用地的特性，应加强对矿业用地的监督管理。为了更好地实现经济、社会和环境的协调与可持续发展，要做好宏观规划和管理，行使好国家对矿产资源和土地资源的主权。笔者认为，矿业用地取得过程和退出后的管理应当从属于土地行政管理，而矿业用地取得后的管理从逻辑上应当从属于矿政管理。

其次，应当从产业均衡发展的角度协调矿业、农业以及其他产业。矿业和农业同为国家的基础性产业，传统的、基于公共利益的土地征用模式加剧了失地农民与地方政府之间的矛盾。在传统的用地模式下，容易出现矿竭城衰的"资源诅咒"现象。随着矿山企业分离

---

① 刘守英：《中国土地制度改革的方向与途径》，《上海国土资源》2014 年第 1 期。

办社会职能改革的推进以及还原矿山企业市场主体地位的政企改革的推进，相应地，矿业用地改革也应当推进。采矿用地的单独管理和统筹规划有助于实现产业间平衡发展，符合中国经济发展现阶段的客观要求。这种方式可以在区域范围内不改变原有产业模式便可减轻矿山企业的负担，有利于矿业的转型升级。矿业开发可以加速当地经济发展和社会进步，提高农民的收入，当地农村也由此呈现了新面貌，有利于解决当地的"三农"问题。此外，在未改变土地原利用性质的情况下保护了农用地，稳定了乡村生存环境，落实了国家十分珍惜、合理利用每一寸土地和切实保护耕地的基本国策，推动了产业间协调发展。因此，对采矿用地管理模式的变革，可以提高国家治理与市场经济的匹配度。

这些均要求政府按照现代经济治理理论，更好地管理矿业用地，进行有利于可持续发展的良性治理，同时通过合理的制度安排避免寻租现象的出现。结合矿业用地的特殊性以及中国的土地公有制制度，矿业用地的管理应当在资源环境承载力容许的范围内，合理利用土地，保护耕地，从源头上强化退出前的矿业用地复垦和复绿。笔者认为，应当重点考虑以下两点。

第一，矿业用地的取得、利用和退出的全过程应当充分尊重土地利用规划，土地利用规划要与产业发展规划相一致，提高土地利用效率，切实保障耕地。

如 2017 年国土资源部颁布实施的《土地利用总体规划管理办法》取代了 2009 年国土资源部发布的《土地利用总体规划编制审查办法》，《土地利用总体规划管理办法》在第六章第 39 条可以修改土地利用总体规划的情形中包括了经国务院或者省级人民政府及其投资主管部门批准的能源、矿山等建设项目，实现了矿山建设规划与土地利用总体规划的进一步协调。

第二，实施系统性矿业权与地权的捆绑式准入和监管模式。

　　《土地管理法》作为国家管理土地利用的基本法律，对土地的管理实行用途管制制度，按照土地利用的不同类型，将土地分为农用地、建设用地和未利用地。采矿所需使用的土地按照《土地管理法》的规定属于以修建建筑物、构筑物为目的的建设用地中的工矿用地，应当按照国有建设用地方式取得和利用。按照法律规定，采矿所需使用的土地可以通过出让、划拨等方式取得。如果涉及农用地，应当在符合建设用地使用指标的情况下，通过征收转为建设用地后再出让或划拨。考虑到法律允许企业之间合并、分立和交易采矿权，采矿中的土地使用权还可通过转让等继受方式取得。但从实际情况来看，由于采矿用地具有特殊性，不应当将其归于建设用地范畴，而应当通过政府监督下的临时用地方式取得，这样可以实现双方的利益最优，并且通过强化采矿权人的环境治理责任和通过受益方共同承担矿业开发带来的环境成本来解决矿业活动的环境负外部性问题。鉴于矿业用地产权具有独立性、附随性、用益物权性、排他性，为了政令统一，通过实施系统性的矿业权与地权的捆绑式准入和监管模式，将对土地的利用纳入对矿山生态环境的监管过程，是集约节约利用土地、保护土地、维护矿业权人合法权益的最优管理路径。

下编

矿区可持续发展

第七章
土地承载力测算与矿区土地可持续利用

矿区土地承载力的测算是涉及矿区土地利用与生态环境恢复治理以及区域发展模式的基础性问题。本章将对土地承载力的测算内涵、方式进行简要介绍，并对矿区土地可持续利用问题加以概述。

第一节　土地承载力与矿区土地利用

一　土地承载力的界定

承载力（carrying capacity）最早出自力学中的一个概念，用来说明物体在不产生任何破坏时所能承受的最大负荷。在科学研究中最早使用"承载力"一词的是种群生物学，其含义是指"某一特定环境条件下，某种生物个体存在数量的最高极限"，用以描述生物在某一资源环境约束下的种群数量增长规律。

随着系统科学在社会学科领域尤其是经济管理领域的渗透和应用，承载力被广泛应用于经济管理领域。在对区域经济社会系统和生态环境系统进行研究时，承载力主要是指区域系统（可以是自然系统，也可以是包含人类活动的经济社会系统）对外部环境变化的最大承受能力。

最早将承载力用于人口学分析的是英国学者马尔萨斯。马尔萨斯在《人口原理》一书中论述了生物（人口）与自然环境（粮食）之间的关系，认为人口具有无限增长的趋势，而粮食是有限的，人口的增长必然受到粮食的制约。数学生物学家 Pierre-Francols Verhulst 用逻辑斯蒂方程表达了马尔萨斯的人口论。

生态学分析最早涉及承载力的是在 18～19 世纪的畜牧业研究中。北美草原因草地开垦、过度放牧而出现草场退化，为有效管理草原以获取最大的经济效益，一些学者将承载力理论引入草原管理，草地承载力、最大载备量等相关概念被相继提出。帕克和伯吉斯在有关研究中应用了承载力概念，认为可根据某一地区的食物资源来确定该地区的人口容量，直接推动了土地承载力领域的研究。Odum 将承载力概念与逻辑斯蒂曲线的理论最大值常数（即逻辑斯蒂方程的常数 K）联系起来，著有《生态学基础》一书，使承载力概念具有较为精确的数学表达形式。

20 世纪六七十年代，伴随着工业化和城镇化进程的加速，人口不断增加，耕地面积日趋减少，粮食危机越发严重，环境污染与资源短缺问题日渐明显，土地承载力问题引起了人们的普遍关注。承载力研究转向关注和解决资源环境约束下的人类经济社会发展问题。与土地承载力概念并用的还有区域人口承载容量、土地负载力、地域容量、地域潜力等概念。土地承载力的一般定义是指在未来不同时间尺度下，在预期的经济、技术和社会发展条件下，土地资源所能持续供养的人口数量。人们对土地承载力的认识涉及土地资源、森林资源、矿产资源、水资源等多个方面，资源承载力、环境承载力、生态承载力等概念也应运而生，系统承载力概念得以提出。

二 矿区土地承载力与可持续发展的关系

1987 年，挪威首相布伦特兰夫人在她任联合国世界环境与发展委员会主席时发表的报告《我们共同的未来》中，把可持续发展定义为"既满足当代人的需要，又不对后代人满足其需要的能力构成危害的发展"。可持续发展的这一定义在世界范围内被广泛接受，1992 年联合国环境与发展大会达成了共识，通过了《21 世纪议程》，开启了全球范围内的可持续发展战略。1994 年 7 月 4 日，国务院批准了中国第一个国家级可持续发展战略——《中国 21 世纪人口、环境与发展白皮书》，充分肯定了可持续发展模式应当是既满足当代人需求又不损害后代人满足其需求能力的发展模式。中国的学者根据可持续发展的要求将其定义为，可持续发展是不断提高人群生活质量和环境承载能力的、满足当代人需求又不损害子孙后代满足其需求能力的、满足一个地区或一个国家人群需求又不损害别的地区或国家人群满足其需求能力的发展。在这一可持续发展定义下，不断提高环境承载力便是可持续发展的内在要求。

这意味着，合理利用土地，平衡土地的农业功能、建筑构筑功能、生态功能，形成生产、生活、生态相协调的"三生"空间是提高土地承载力、践行可持续发展的应有之义。提升矿区土地承载力就意味着在矿区土地利用中要充分考量矿区土地利用与"三生"空间的关系、金山银山与绿水青山的关系，走绿色矿山发展道路。

三 矿业活动中的生态价值

粗放式的矿产资源开发利用对生态环境破坏严重。具体表现在矿产资源的采、选、冶过程中排放的废气、废水、废渣治理率低；矿物冶炼排放的大量废气尤其是燃煤产生的大量有害烟尘和二氧化硫造成了严重的大气污染；矿区废液的排放严重破坏了小流域生态，不仅污染了地表水体，还使流域内的土壤、林木、牧草及农作物受害。由于地表水体被污染，大量开采地下水资源成为必然。然而，过度开采地下水不仅不能缓解水资源短缺，而且会加剧地质灾害的发生。矿山开发诱发的灾害问题并未引起足够的重视，防范不力、乱采乱挖、废石废渣乱堆乱放等现象屡禁不止，不仅占用了大量土地，给农业发展造成了极大的威胁，而且会引发崩塌、滑坡、泥石流和地面沉降等重大地质灾害。

《2001 年中国国土资源公报》显示，中国矿山生态环境破坏和污染十分严重，累计毁坏面积近 400 万公顷。《国民经济和社会发展第十个五年计划纲要》明确要求，加大投入力度，加快矿山生态环境恢复治理。《"十五"生态建设和环境保护重点专项规划》将矿山生态环境恢复治理列为重点工程内容。2002 年，国家国土资源主管部门开展了对河北、山西、辽宁等 12 个省（区、市）的矿山地质环境调查工作，实施了 10 个典型矿区的矿山地质环境恢复治理示范工程项目，组织编制完成了《矿山环境评价标准》《矿山环境调查标准》等技术规范，开展了矿山环境监测，矿区土地利用方式由粗放式向集约式转型初见成效；自 2003 年起，积极推进矿山地质环境影响评价制度和矿山环境恢复治理保证金制度建设，重点推进省级矿山环境恢复治理保证金制度的实施，江苏、浙江取得了实质性进展；组织开展了矿山环境恢复治理工作，完成了 18 个典型矿山的生态环境恢复治理示范工程；2006 年，国家国土资源主管部门完成了对全国 31 个省（区、市）的矿山地质环境调查与评估工作，基本摸清了中国矿山环境的现状，查明了主要矿山环境问题及其危害。2006 年，中央财政投入矿山环境治理项目资金达 10.6 亿元，比上年增长 40%，共安排项目 341 个，涉及全国 31 个省（区、市）和 10 多家中央企业的各类矿山。地方配套投入资金 19.0 亿元。据初步统计，2006 年全国共恢复治理矿山环境面积 4.48 万公顷。2006 年，矿山环境保护长效机制启动建设，财政部、国土资源部与国家环境保护总局联合出台了《关于逐步建立矿山环境治理和生态恢复责任机制的指导意见》。截至 2007 年底，中央财政支持开展矿山环境治理项目累计达 1118 个，投入资金 37.1 亿元，其中 2007 年安排项目 321 个，投入资金 12.9 亿元。湖北黄石、黑龙江鸡西恒山、吉林白山板石、黑龙江嘉荫乌拉嘎、浙江遂昌金矿等 5 个国家矿山公园揭碑开园。2008～2011 年，国土资源集约节约利用，矿山地质环境恢复治理成效显著，创建了国土资源集约节约利用模范县（市）。2011

年，部署启动首批 37 家绿色矿山建设试点单位。矿业用地的修复已经扩展到全产业链的绿色化和生态化，注重区域空间高效利用。2014 年，全面加强矿山地质环境治理工程监督管理，组织对工程项目现场勘查、监督检查，继续加大力度支持地方开展矿山地质环境恢复治理示范工程项目。2014 年，投入矿山环境治理资金 92.17 亿元，其中中央财政资金 17.28 亿元。2015 年，中央财政投入矿山环境治理资金 30.85 亿元。利用中央财政资金累计安排项目 1954 个，累计恢复治理面积超过 80 万公顷。2012 年以来，"矿山复绿"行动累计治理矿山 3310 个，恢复治理面积达 10.3 万公顷。

　　本着投入即必要的经济性原则，从近年来矿山环境恢复治理投入变化趋势（见图 7-1）可以看出，对于历史性的矿山环境问题治理自 2000 年开始重视，在 2009~2013 年达到峰值，2014 年之后开始趋于下降，说明历史遗留问题处理向好，矿山环境持续改善，这与转变矿山生产经营方式、注重土地的利用与保护密不可分。

　　综上所述，从历史经验角度观察，中国矿业从较为粗放的土地利用模式逐渐向生态型发展模式转变，矿业活动中的生态价值在近几年逐渐凸显，并将在未来成为常态。

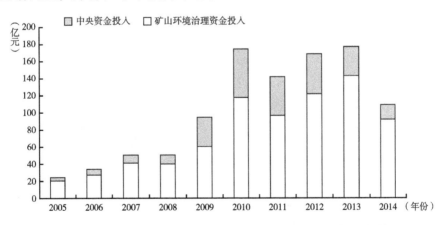

图 7-1　2005~2014 年矿山环境恢复治理投入变化趋势

第二节　土地承载力测算

一　土地承载力测算

（一）土地承载力测算方法

不少学者提出了土地承载力测算方法，总结来看主要有以下几种：①构建指标体系的系统评价法，其中包含运用层次分析法和德尔菲法进行系统分析中的权重设计；②以主成分分析法为主的评价体系；③确定各评价指标的承载阈值的承载指标、承载状态、预警指数计算模型；④以系统动力学方法为主的土地资源指数承载力综合排序法；⑤TOPSIS 法；⑥生态足迹法；⑦均方差决策数法和变异系数赋权法。

多指标评价的一般思路是通过建立土地承载力的指数体系，进行比较分析、预测和决策。其分析结果主要依赖于统计学分析方法中的统计验证和经验验证。

国土资源部于 2016 年出台了《国土资源环境承载力评价技术要求（试行）》，指出土地承载力评价要遵循科学性、协调性、差异性、层次性、动态性和可行性几大原则。土地承载力评价流程如图 7-2 所示。

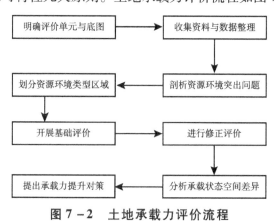

图 7-2　土地承载力评价流程

（二）新形势下土地承载力测算面临的新情况

土地承载力测算不仅是一个学术问题，而且是对现实应用的技术指导，其方法的科学性尤为重要。

2010 年底，国务院印发了《全国主体功能区规划》，这是针对国土空间开发的战略性、基础性和约束性规划，是涉及资源环境承载力应用的首个国家层面文件。实施主体功能区规划，推进主体功能区建设，是国土空间开发思路和开发模式的重大转变，是国家区域调控理念和调控方式的重大创新，对推动科学发展、加快转变经济发展方式具有重要意义。就规划中的国家层面重点开发区域来看，18 个重点开发区域中，大多涉及所在区域的能源和矿产资源开发利用的相关产业（见表 7 - 1）。在新形势下，矿区土地承载力需符合国土空间开发规划的需求，并与国民经济发展规划保持一致。

表 7 - 1　全国主体功能区划中的国家层面重点开发区域

序号	地　区	相关产业
1	冀中南地区	—
2	太原城市群	资源型经济转型示范区,全国重要的能源、煤化工基地
3	呼包鄂榆地区	全国重要的能源、煤化工基地,北方地区重要的冶金基地
4	哈长地区	全国重要的能源基地,区域性的石化基地
5	东陇海地区	加快资源型城市转型,打造重要的能源基地
6	江淮地区	全国重要的能源原材料基地
7	海峡西岸经济区	—
8	中原经济区	全国重要的能源原材料基地
9	长江中游地区	—
10	北部湾地区	—
11	成渝地区	石化
12	黔中地区	全国重要的能源原材料基地
13	滇中地区	—
14	藏中南地区	全国重要的矿产资源基地

序号	地　区	相关产业
15	关中—天水地区	—
16	兰州—西宁地区	有色金属基地
17	宁夏沿黄经济区	全国重要的能源化工基地
18	天山北坡地区	全国重要的能源基地

这一主体功能区划的出台，使得经济区划与地理单元更加深入地融合，区位因素、资源因素、人口因素、生态因素、产业因素在产业政策可行性研究中得以被全面衡量，这是新时期土地承载力测算的客观需求。

从近年来"双评价"（资源环境承载力评价和国土空间开发适宜性评价）的实务来看，实际的可操作性更多地体现在标准确定、方法易操作和实际匹配度强三个方面。"双评价"给土地承载力界定了新的内涵，即"一定国土空间内自然资源、环境容量和生态服务功能对人类活动的综合支撑水平"。"双评价"的作用也相应地从总量调控向空间约束与指引转变。土地承载力的测算需求从静态总量控制向多期的系统和结构的阈值控制、短板警示以及综合评估转变。

因此，土地承载力测算面临的新情况主要包括以下几点。

第一，指导方针的细化。土地承载力测算的指导方针从兼顾代际长远利益和当代人近期利益的可持续发展原则细化为区域的空间约束与指引，这样指导方针就可通过评价指标体系予以量化，从而使指导方针更加细化。

第二，评价程序的科学化。国土空间管理更趋精细科学，加之广泛的公众参与，对评价的科学性要求随之提高，评价程序的科学化成为土地承载力测算的重要保障。

第三，评价用途的多样化。2020年全国主体功能区布局基本形成，使得城乡区域发展更趋协调、资源利用更趋集约高效、环境污染防治更趋有效、生态系统更趋稳定。这就使得土地承载力测算有了更广泛的用途，土地承载力评价的适用范围可涵盖城乡发展格局、资源利用水平、环境影响程度、生态系统健康状况等诸多方面。

二 基于生态产品价值的土地承载力测算

在过去几十年，围绕土地利用/覆盖变化如何影响生态产品及服务的相关研究得到了较好的发展。通常认为，土地利用/覆盖变化对陆地系统功能的核心部分有很大影响，农产品的持续增长、资源的有效利用所带来的经济发展和社会进步与土地利用/覆盖变化的许多形式有关。基于此，土地利用/覆盖变化已成为一种重要的经济社会评价方法，无论是全球尺度的整体变迁还是区域尺度的小范围评价，土地利用/覆盖变化可作为一种较为中性、客观的评价方法被广泛应用。

结合先前学者对土地利用/覆盖变化的驱动力的研究分析与笔者的思考，土地利用/覆盖变化的主要影响因素包括：①土地利用决策；②外界自然环境的变化，例如降水量的急剧减少；③社会经济变化；④价值观的改变；⑤人口变迁；⑥产业变迁。

土地利用/覆盖变化相关研究的技术特点是可以通过可视化的手段进行直观展示，从而弥补单纯依靠数据推断在分析预测方面存在的不足。土地利用/覆盖变化技术可以与仿真模型相结合，通过计算机模拟出若干年后的变化情景，为科学预测提供技术支撑。故此，可视化的土地利用/覆盖变化技术可用于区域土地承载力变化研究，以弥补单纯数量统计和推断的不足。

第三节 矿区土地污染防治

矿区土地污染防治主要涉及矿区土地污染的预防和矿区土地污染的修复。矿产资源开发的洗选过程及尾矿库的不当使用可能会对土壤和植被产生不良影响，这是造成矿区土地污染的重要因素。此外，历史遗留的土地污染问题需要通过明确责任、多方努力、谁修复谁受益等方针妥善解决。矿区土地污染定量测度是评价矿区土地污染情况的客观标准，测度指标可以综合考虑污染的程度、修复的费用、适宜修复的类型等因素，通过构建合适的评价层予以评价，结合客观标准和专家打分方式予以确定，为矿区土地污染治理提供技术支持。

矿区土地污染防治还涉及新设矿山建设可行性研究中对于采矿活动和初加工活动可能造成的土地压占、土壤污染以及修复途径和费用支出的评估和确认。土壤污染防治是防止一定区域的土壤遭受污染和对已污染的土壤进行改良、治理的活动。整治矿山环境防止采矿活动污染是土壤污染防治的重要内容。自然资源主管部门也应设立长效机制予以监督执行。应杜绝假借矿区土地修复之名的非法采矿和破坏性采矿行为，实现矿产资源的可持续利用与矿区土地保护尤其是土壤保护的协同并进。

第八章

矿区土地利用模式调研

为了对上述理论分析进行检验，笔者开展了实地调研。调研活动得到中国地质调查局资助项目"秦岭及宁东矿产资源集中开采区地质环境调查"、河北大学高层次人才科研启动项目、河北大学优秀青年科研创新团队"产业布局与区域经济发展创新团队"的支持。调研选取了神华宁东煤炭基地、云南磷化集团和七台河老煤炭基地三个地点，还考察了铜陵市及其相邻的芜湖市、池州市，探讨了不同法律政策时期，在矿山生命周期内，不同开采方式下矿山企业对土地的需求以及矿业活动对土地的影响。

第一节　神华宁东煤炭基地矿业用地情况调研

神华宁东煤炭基地位于宁夏回族自治区银川市东部。宁夏回族自治区非金属矿产资源比较丰富，产地相对集中，开发潜力较大。宁夏含煤地层面积达 1.17 万平方千米，占全区总面积的 17.6%。石膏、石灰岩、冶金用石英岩、白云岩这四种矿产的出露面积约为 2393.35 平方千米，占全区总面积的 3.6%。截至 2015 年底，全区累计探明煤炭资源储量为 339.65 亿吨；石膏、石灰岩、冶金用石英岩和白云岩累计探明资源储量分别为 29.09 亿吨、24.86 亿吨、11.35 亿吨和 2.65 亿吨。

神华宁东煤炭基地位于宁夏四大煤田（贺兰山煤田、宁东煤田、宁南煤田和香山煤田）之一的宁东煤田。该区煤炭资源丰富，已探明储量 386 亿吨，远景预测储量 1394 亿吨，是国家 14 个亿吨级大型煤炭生产基地之一。该区的煤炭矿区多为煤层群，主采煤层厚，埋藏浅，地质构造与水文地质条件简单，适宜机械化开采。该区的不黏结煤是气化和生产活性炭的理想原料。

宁夏全区土地面积 5.19 万平方千米，其中耕地约 1.29 万平方千米，园地约 0.05 万平方千米，林地约 0.77 万平方千米，草地约 2.12 万平方千米，交通运输用地约 0.07 万平方千米，城镇村及工矿用地约 0.24 万平方千米，水域及水利设施用地约 0.18 万平方千米，其他土地约 0.47 万平方千米。全区的土地利用面积从大到小依次为草地、耕地、林地、其他土地、城镇村及工矿用地、水域及水利设施用地、交通运输用地、园地。

图 8-1 反映了银川市经济发展的特点。由图 8-1 可知，银川市采矿业固定资产投资在 2004~2013 年整体呈上升趋势，这一时期银川市 GDP 也经历了高速增长。矿业在银川市经济提升阶段发挥了重要作用。截至 2013 年末，宁夏全区实现生产总值 2752.10 亿元，按可比价格计算，比上年增长 8.0%。其中，第一产业增加值 216.84 亿元，增长 5.4%；第二产业增加值 1343.13 亿元，增长 9.2%；第三产业增加值 1192.13 亿元，增长 6.9%。按常住人口计算，全区人均生产总值 41834 元，增长 6.8%。以煤炭为主的第二产业的增加值和增长速度均高于第一产业和第三产业，第二产业发展前景良好。2013 年之后，采矿业固定资产投资完成额出现下降，但在矿业的带动下，银川市经济发展仍然呈现强劲活力。

笔者在神华宁东煤炭基地调研时感受到，在绿色矿山建设推动

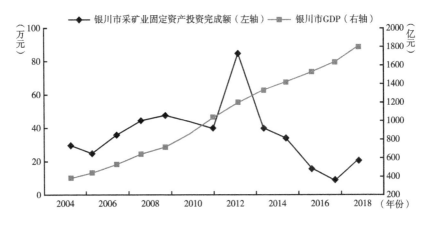

图 8－1　银川市经济发展情况

资料来源：《宁夏统计年鉴》。

下，矿区实现了水清、山绿、天蓝。矿区实行现代化的生产作业模式，原煤不落地，直接进储煤仓，通过专用通道进入洗煤厂洗选；原煤生产中的煤矸石也通过专用通道运往矸石场。远程操作系统可以清楚地看到每个采掘作业面的生产情况，从而确保作业的统一指挥和安全作业。矿井的工业广场规划合理，办公楼、员工临时宿舍、餐厅、文体休闲设施等一应俱全，工业广场内道路畅通、整洁，绿化率高。采矿区内通过及时治理塌陷和复垦保证了矿业开发与土地复垦和矿山生态环境修复的同步进行。这些措施使矿区与周围的荒漠景观形成了鲜明对比。从地理地貌来看，该区地处毛乌素沙漠西南缘，地形呈波状起伏，以低山丘陵为主，境内遍布流动沙丘、半固定沙丘（地）和平铺沙地。

由于该区的采矿方式为井下作业，作为矿山企业的生产单元——矿井的矿业用地情况可具体分为工业广场、采矿用地、矸石山三类。矿区建设前的土地按利用类型可归为农用地，这种农用地在当地也被称为荒漠，因为少有植被覆盖，在这种农用地上，当地村民常以放牧为生计主业。按照现有的法律制度框架，矿井所需的土地通过征地方式取得，由于涉及原村民的搬迁，矿山企业会给原住地村民修建房屋进行补偿。通过这种搬迁补偿，村民生活来源增加，生活条件有了很大改善。

在通过征地方式取得土地后修建的工业广场中，既有斜井、选煤厂、煤矸石处理厂，又有办公用房、职工公寓、文体中心等配套设施，还有运输火车道、成煤露天堆放仓，可以实现煤炭从原煤到精加工后的成品煤的连续作业。

目前工业广场在用地方面存在的问题是，工业广场用地通过征地方式取得，一个年产量400万吨的矿井，征地标准为21公顷，但矿井的实际用地需求会大于这个标准，笔者调研的一个矿井的实际工业广场用地面积为23.6公顷。但就笔者了解，超出部分是为了满足矿井的绿化需求。

对于采矿用地，取得方式较为模糊，一部分通过国有建设用地方式取得，其余不详。这也显示出当地的建设用地指标远不能满足矿井生产作业的需要，但相对于整个矿区范围而言，采矿用地需求数量有限，可以通过租用等方式取得，一些历史问题也无从查证。但由于当地的采矿区多处于荒漠之中，人地矛盾并不紧张。井工煤矿开采导致了地面裂缝，原住地居民无法居住，需要对原住地居民进行搬迁补偿。这种补偿使原住地居民居住条件得以改善，原住地居民还可以到矿上工作，居民收入水平和生活水平有了进一步提高。因此，矿业发展带动了当地的经济并形成了向好的社区环境。

对于当地矿业用地的取得和使用，政府发挥了比较好的协调作用。例如，当地某矿井铺设管道需要占用农田，当地政府积极协商，打报告请求主管的宁东管委会就征地事宜进行协调解决。

结合调研的实际情况，笔者总结了井工煤矿用地的几个特点。

第一，建设用地的使用年限较长。工业广场是矿井的核心，一般需要矿区结束服务期后才能结束其使用，矿区的服务期一般长达60~70年，土地利用方式以修建固定的建筑物、构筑物为主。

第二，井工开采的采矿用地使用期限要普遍长于露天开采的采矿用地使用期限。井工开采虽然不需要修建建筑物、构筑物，但井工采矿会造成地面裂缝、下陷等，因此，在一定时间范围内需要排他性使用。

第三，矸石山的容量远不能满足矿山开采的需要。一个已服役了20多年的矿山产生的煤矸石基本可以堆满4个矸石山场地。按照规划和当地的具体政策，一个矿井只配备一个排矸场，并且对矸石山的高度进行限制，矸石山用地不足已成为普遍性问题。针对这一问题，一些矿井与其他矿井协商租用排矸场，而另一些矿井则面临无排矸场可用的难题。

综上所述，通过实地调研可知，在绿色矿山建设推动下，通过强化环境影响评价制度、完善矿区土地复垦制度，可以将矿业活动的环境负外部性影响控制在可以承受的范围内，实现矿业开发和环境保护并行。然而，笔者还是发现了在现有的矿业用地政策下企业的实际需要无法得到满足这一情况，矿业用地政策需要根据矿山企业的生产实际进一步调整。

第二节 云南磷化集团临时用地试点调研

云南磷化集团有限公司（以下简称"云磷集团"）是云天化集团有限责任公司的全资子公司，前身系昆阳磷矿矿务局和云南磷化学工业（集团）公司，是目前中国最大的国有大型现代化露天磷矿采选和磷化工企业，国家磷复肥基地配套的磷矿采选生产基地，也是临时用地试点单位之一。云磷集团秉承"绿水青山就是金山银山"的发展理念，坚持"环境效益、社会效益、资源效益和企业效益"四效并举的经营方针，坚持走可持续发展之路。在企业经济策略上，"十二五"期间，云磷集团立足市场，积极向资源开采加工业的下游产业——磷化工产业延伸。在资源开采经济模式方面，注重绿色矿山建设，实行清洁生产，注重和谐发展。通过调整企业发展策略和发展模式，企业经济效益良好，"十二五"期间共为国家上缴增值税 7.25 亿元，较"十一五"期间增收 1.91 亿元。据公司预计，到"十三五"期末，云磷集团采矿能力稳步提升至 960 万吨/年，浮选产能 800 万吨/年，擦洗精矿能力 330 万吨/年。按此模式发展，企业未来创收态势向好。

图 8-2 昆明市部分矿产品产量

资料来源：《中国国土资源年鉴》。

云磷集团露天采矿区采取阶梯式采矿方式，做到边开发边复垦，确保土地可以恢复原有用途。通过科学规划、合理安排，针对高陡边坡的坡陡、坡长、坡面底板大部分是裸露岩石等极端条件，尖山磷矿根据边坡结构、土质分类、植物群落特征等对绿化方案进行研究，采用"客土喷播厚层基质坡面绿化"技术（平整坡面—安装锚杆—挂网施工—喷浆覆土—播草灌种），在光滑的石板上，让绿草重现、鲜花争艳，打造和谐生态边坡。

对于项目建设用地，2009～2016 年，云磷集团新增项目建设用地 10 宗，面积为 1735.97 亩，以出让方式取得。对于采矿用地，由于露天开采，对采矿用地需求量大，为解决采矿过程中的用地问题，云磷集团先后通过作价出资方式取得采矿用地 11395.52 亩，通过租赁国有土地方式取得 807 亩，通过临时用地方式取得 6184 亩，目前的采矿用地面积合计 18386.52 亩。

目前看来，临时用地的方式可以解决云磷集团采矿活动的用地需要。云磷集团在生产经营中根据生产需要预先制订土地使用计划并加以推进，同时云磷集团重视土地复垦和矿山生态环境的修复工作。截至 2016 年，云磷集团累计投入复垦植被资金 2.5 亿元，植被恢复面积 2.5 万余亩，可复垦植被面积土地复垦率达到 94%，并且近年来出现了植被恢复面积大于开采面积的可喜局面。云磷集团在复垦过程中，制定了《采矿临时用地复垦还地管理办法》《采矿临时用地复垦验收管理办法》等专项规范，规定了土地复垦时限和质量要求、归还用地面积不足部分处理办法，以及采矿所占用的耕地无法全部恢复原用途的处理办法等。这些规范有效地降低了磷矿开采过程中对土壤造成的化学性污染和物理性破坏的程度，同时提出无法全部恢复原用途的处理办法也可以解决土地的后续治理责任问题，从而有效解决了采矿活动对土地等环境要素的负外部性影响。

目前云磷集团在矿业用地方面仍面临以下法律难题。

一方面，企业按照国有建设用地取得程序取得的土地在使用完毕后要如何处置。这种国有建设用地，企业称为存量闲置建设用地。按照《土地管理法》的规定，国有建设用地通常通过出让方式取得，企业在出让期内有按照土地利用规划使用土地并缴纳税费的义务。但实际情况是，以国有建设用地形式取得的土地随着采矿排土工程的结束而闲置，但因为使用期未结束，企业仍须承担土地管护、复垦并继续缴纳土地税等费用的责任，这是企业所不愿意承担的经营成本，从土地合理利用的角度来看，这也是一种低效的土地利用方式。

另一方面，新增矿业用地取得成本在不断增加，报批的难度加大，时间周期拉长。新增矿业用地主要用途为采矿用地，需要通过政府向地方村组和村民进行协调来取得，村组和村民对于补偿费用期望较高，产生了不合理预期下的不合理诉求，导致政府的协调难度加大，企业用地成本增加，带来了较大的用地成本压力。由于建设用地指标有限，矿业管理和土地管理新政策的出台使得报批难度加大、时间周期拉长，这导致企业难以在现行法律政策模式下取得新增矿业用地。

这两方面问题的出现，其实呼应了笔者先前提出的采矿用地法律定位错位导致的采矿用地取得的法律路径存在问题的分析结论。在现有的国有建设用地法律制度框架下，存在企业用地需求不能得到合理满足、土地利用效益不高、退出难、企业土地负担重等问题。此外，在没有政府裁决机制的情况下，土地权利人基于自身利益制约矿业权人取得土地使用权的问题也日益凸显。这些问题在笔者先前通过构建博弈模型、对矿业权人和土地权利人行动的分析中均呈现过。这佐证了现行矿业用地法律制度存在的问题。

因此，采矿用地以临时用地方式取得、使用和退回确实凸显了其带来的经济效益、社会效益和生态效益，有利于构建和谐的矿地关系和社区关系，对于合理高效利用土地产生了积极影响。然而，企业合法的矿业权行使仍然受到土地法律制度的制约。因此，土地法律制度仍需根据企业的实际用地问题加以完善。

第三节　七台河老煤炭基地转型中的土地问题调研

七台河与鹤岗、鸡西、双鸭山等都是黑龙江著名的煤矿城市。七台河被列入国家煤炭资源枯竭城市试点，面临巨大的城市转型压力。其中，矿业用地退出和可持续利用问题日益严峻。

七台河的煤炭资源是七台河的一大优势资源。已探明的矿产资源有煤炭、黄金、石墨、膨润土等 10 余种，其中煤炭资源最为丰富。七台河煤田是国家保护性开采的三个稀有煤田之一，已探明储量 17 亿吨，远景储量 41 亿吨，分布面积 810 平方千米，煤种齐全，品质优良，焦煤占总储量的 44% 以上，有低磷、低硫、低灰、高热值的特点，发热量在 5700～5800 大卡，是国家重要的煤炭生产基地、东北地区重要的主焦煤生产基地和黑龙江的无烟煤生产基地。

七台河因煤而立、因煤而兴。"十二五"期间七台河重点产业项目完成投资情况如图 8-3 所示。据当地人介绍，七台河是先有矿务局，后有市政府，是典型的煤矿城市，有"东北煤焦之都"之称。自 1958 年开发建设至 2008 年末，累计开采优质原煤 5 亿余吨。七台河经济体系以煤炭工业为主导，其三次产业比例为 9.3∶58.8∶31.9。城市转型中的新兴接续替代产业如新材料、新能源、现代化物流、旅游等仍处于发展期，短期内仍难以占据主导地位。

七台河产业发展中存在的问题主要表现在煤炭采选产业后续动能不足，经济转型压力较大，城市衰退，政府财政负担加重。七台河原煤产量已较峰值整体呈下降趋势（见图 8-4）。截至 2010 年底，全市煤炭已探明剩余可采储量仅为 3.64 亿吨。根据《七台河煤炭矿区总体规划》的测算数据，全市煤炭均衡生产年限不足 10 年，衰减期为 45 年，龙煤集团七煤公司西部区的 5 座矿井，有 4 座将在 10 年内报废或大幅减产，生产能力降低超过 500 万吨。地方煤矿平均开采年限只有 5 年左右。届时，七台河煤炭产量将由 2200 万吨/年下降至1500 万吨/年左右。按目前煤炭价格计算，每年将减少税收 10 亿元以上，地方财政收入减少 3 亿元以上。同时按照现有产量计算，龙煤集团七煤公司平均服务年限不足 15 年，地方煤炭平均服务年限不足 5 年。煤炭采掘业支撑经济发展的能力呈下降趋势。全市煤炭资源消耗量与生产量缺口 3000 万吨，域内煤炭资源保障可持续发展的能力明显不足。煤炭资源的接近枯竭使得支撑产业转型的资源保障能力持续下降。而政府规划的新兴接续替代产业仍处于发展期，需要大量的资金投入，这成为资源枯竭城市转型中的一大难题。

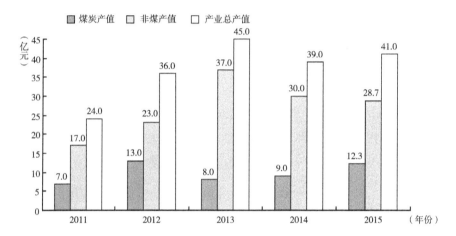

图 8 - 3 "十二五"期间七台河重点产业项目完成投资情况

资料来源：《七台河市资源枯竭城市转型 2016 年度绩效考核自评报告》。

此外，由于七台河的支柱产业——煤炭产业的经营主体为国有企业，在给国家贡献多年之后，随着可采资源量的减少、供给侧结构性改革政策调整下的压井减产，企业盈利能力下降，部分企业呈现亏损状态，给政府征税、银行收贷构成了巨大压力。此外，职工减员压力成为政府头疼的历史遗留问题。

根据调研的实际情况，笔者还发现以下几个涉及矿业用地的问题。

第一，当地的国有企业龙煤集团在矿山新建时取得土地的方式为划拨取得，为了降低建设成本，矿山的生产区、生活区并没有分开。

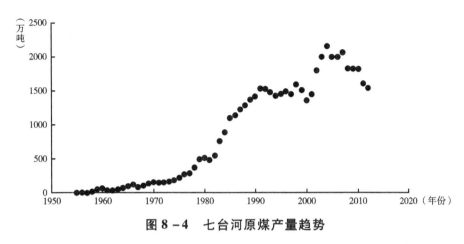

图 8 - 4　七台河原煤产量趋势

资料来源：《七台河 60 年》《七台河经济统计年鉴》《七台河统计年鉴》。

在七台河的废弃矿山区域内，龙煤集团已按照法律规定的程序和要求完成了闭坑复垦、矿山地质环境的治理工作。在 2015 年继续实施的资源枯竭城市矿山地质环境治理重点工程项目中，龙煤集团完成平整治理 150 公顷，新建道路 2900 延米，栽植绿化树 98000 株。截至 2015 年，全市通过沉陷区治理、土地复垦和矿山修复等方式，复垦土地 1500 公顷。但是由于当时用地规划以及供地方式存在问题，在采煤造成的塌陷区治理方面还是出现难题。

在资源逐渐减少、矿业形势下行以及国家政策干预的共同作用下，当地矿山企业效益下降，难以继续投入矿业用地的后续治理资金。原有的电影院、商业街、百货大楼、医院、学校、住宅单元楼等生活配套设施也因矿产资源的枯竭、矿业生产的停止而从功能上画上休止符，昔日繁华的街景成为历史。更为严重的是，采煤引起的地面沉降使得当地矿区出现了整体下沉、建筑物裂缝的情况，严重危及生活安全，必须进行搬迁。中央和当地政府针对这一情况投入了大量的棚户区改造资金，使得当地一部分居民住上了新城区中新建的住宅，缓解了社会民生矛盾，但仍有一部分居民坚守在地面沉降的老城区，政府的负担依然沉重。

第二，现有的采煤沉陷区的改造工程只是解决了当地部分沉陷区居民的搬迁问题，土地并没有得到进一步利用。笔者在调研中发现，老城区目前活跃的经济活动是可再生物品回收，一个昔日的电影院现已成为可再生物品回收站，也可从当地的部分房屋外墙看到回收矿山设备、出售煤产品等字样。在相关的对资源枯竭城市转型扶持政策的建议报告中，笔者并没有发现报告中涉及老城区的土地利用规划和土地开发计划，在政策方面缺乏进一步的考量。在中国建设用地指标极其稀缺的情况下，老城区土地的低效利用令人深思。

第三，矿区矸石山占地问题仍无法得到有效解决。七台河煤矸石堆积量超过50万立方米的大型矸石山有15座，其他小型矸石山有1000余座，堆积总量达到1亿吨，压占了大量土地。近年来，已累计搬迁矸石山229座，腾出土地面积113.4公顷，但与1000余座的存量相比，后续的矸石山占地问题仍需进一步解决。在调研中，笔者发现了矸石山自燃现象。尽管矸石山自燃后形成的胶结物可以用于铺路等工程建设，但是需要通过自燃后再加以利用的资源的利用率并不高，并且在土地集约利用的情况下，矸石山的自燃现象仍存在消防安全隐患。

上述七台河矿业用地方面存在的矛盾反映出现行的将矿业用地归为建设用地、通过国有建设用地方式取得土地制度下积累的历史问题。在企业生产建设和采矿活动开展时，矿和地是一体的，矿和地之间不存在明显冲突。在过去矿区经济形势良好时，生产生活景象繁荣，但是现在矿区关井停产，矿区地面出现整体沉降，集中设计模式下的矿区土地后续利用仍存在很大问题。是否要平整、应当以何种方式开发等就成为不易解决的症结。目前的情况是土地使用权部分归企业所有，部分归政府所有，归政府所有的部分主要是政府出资改造的棚户区，这部分土地的后续开发方案待定。此外，矿区闭坑后，田土出现矿区整体下沉，原先与矿区配套的生活设施需要整体搬迁。在煤炭产业整体下行的情况下，矿山企业无力承担矿区塌陷后原矿区职工住宅、医院、学校的搬迁改造费用。随着关井压产政策的落实，如何安置原先的国有企业人员也成为一大问题，为了避免社会矛盾激化，政府出资进行搬迁改造和人员安置，目前取得了很好的效果，但也付出了巨大的成本。由于中央的专项基金数量有限，地方政府财政收入有限，资源枯竭城市接续转型中的后续土地利用仍然困难重重。

第四节　铜陵市、芜湖市、池州市土地利用情况调研

铜陵市、芜湖市、池州市所在的皖江城市带是安徽省及长江经济带、长三角地区重要的资源能源供给地，该区域黑色金属、有色金属、贵金属、非金属矿产资源丰富。其中，铜陵市有中国古铜都、当代铜基地之称，属于铜金矿重点勘查区。笔者实地调研了铜陵市及其相邻的芜湖市、池州市的土地利用、产业发展和生态环境情况。调研中重点关注了矿区土地利用与城市发展的融合情况，考察了如何打造舒适的生产、生活和生态空间。调研可见，铜陵—芜湖矿区土地覆被情况良好，生态经济、绿色经济落实到位，交通通达性好。铜陵市区、芜湖市区城市绿化程度高、生态建设良好。邻近的池州市也有部分矿区，当地以发展非金属矿新材料、有色金属新材料、化工、机械装备、电子信息、旅游服务以及农业等产业为主。

比较实地调研的七台河市、银川市、铜陵市、池州市 GDP 与碳排放的变化情况（见图 8-7）可知，经济发展速度不同的地方，土地利用/覆盖变化对于碳排放的影响具有异质性。具体表现为七台河市、铜陵市、池州市的碳排放情况趋稳或呈现下降趋势，银川市的碳排放呈现波动上升趋势。碳排放趋势上的差异与当地的土地利用和植被覆盖情况有直接关系。

图 8 - 5   铜陵—芜湖矿区生态环境

图 8 - 6　铜陵市国际铜雕艺术园

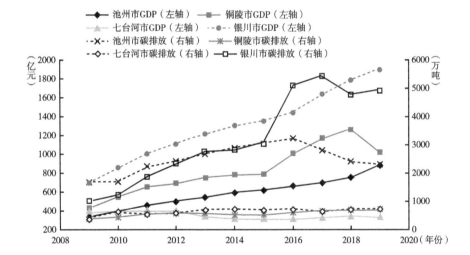

图 8 - 7　七台河市、银川市、铜陵市、池州市 GDP 与碳排放变化情况

资料来源：《中国能源统计年鉴》、国家统计局网站（http：//www. stats. gov. cn/）。

第九章

矿区土地承载力测算与区域可持续发展

第一节　矿区土地承载力测算的作用与核心问题

一　矿区土地承载力测算的作用

在中国产业结构演进的现阶段和今后较长的一段时期内，地区自然资源结构仍然是影响产业结构的关键因素之一。[①] 自然资源结构对于产业结构的影响不容忽视，概而言之，要考虑自然资源与产业结构的互动关系应当是以自然资源为主导还是以产业结构为主导；从自然资源角度考虑不仅应当考量自然资源的优势，还应当关注自然资源的短板；从产业结构角度考虑不仅要关注产业发展所带来的经济效益，也要关注其社会效益、生态效益。承载力可以客观地反映区域资源的优势与短板，矿区土地承载力的测算对于设计区域发展路径、进行产业布局与优化具有十分重要的作用。

[①]　几木：《自然资源结构在地区产业结构演进中的宏观作用——以环渤海地区为例》，《自然资源学报》1992 年第 2 期。

二　土地承载力测算的核心问题

首先，土地承载力测算应明确测算目标。土地承载力评价要充分考虑土地的适宜性。土地的适宜性应当以系统论为指导，将土地自然禀赋、资源状况、区位条件、地形地貌与历史文化、人口变迁、城市发展、产业发展、科技进步、生态环境状况等要素作为以土地为主系统的重要组成要素。根据要素禀赋情况和区域发展需求，明确测算目标。土地承载力测算可与人口预测、资源环境承载力评估、产业发展规划、城市建设规划、国土空间管控规划、国土空间开发利用规划、矿产资源开发利用规划、区域整体发展规划等诸多需求目标相配合，建立指向型测算目标。

其次，测算方法的科学性也是土地承载力测算中需要解决的重要问题。根据不同测算目标，采用科学的测算方法，实现预期效果。运用层次分析法、系统动力学分析法、因子分析、回归分析、生态足迹计算、土地利用变化分析以及仿真模拟等方法，均可根据土地承载力测算目标设定测算指标体系，进行科学分析。

第二节　生态足迹法与土地利用/覆盖变化分析

一　生态足迹法概述

以土地面积为单位对城市生态系统承载力进行表征是现代生态学和环境科学中较为常见的研究方法。生态足迹（ecological footprint，EF）法是由加拿大著名生态学家威廉·里斯教授于 20 世纪 90 年代初提出的一种从生态学角度来衡量可持续发展程度的方法。就词意而言，生态足迹是指能够持续地提供资源或消纳废物的、具有生物生产力的地域空间（biologically productive areas），或指能够维持个人、地区、国家的生存所需，抑或能够容纳人类所排放废物的、具有生物生产力的地域面积。生态足迹又称"适当的承载力"（appropriated carrying capacity），运用生态足迹法可估计要承载一定生活质量的人口，需要多大规模的可供人类使用的可再生资源或者能够消纳废物的生态系统。

生态足迹可显示，在现有技术条件下，指定的人口单位内需要多少具有生物生产力的土地（biological productive land）和水域，来生产所需资源和吸纳所衍生的废物。生态足迹法通过测定现今人类为了维持自身生存而利用自然资源的量来评估人类对生态系统的影响。通常的计算方法是将地球表面的生物生产性土地分为六大类——耕地、草地、林地、化石能源用地、建筑用地和水域，分别对各类土地产出进行计算。生态足迹法可以看成一种"强"可持续性的测量手段，当一个地区的生态承载力小于生态足迹时，则认为出现"生态赤字"；当其大于生态足迹时，则认为产生"生态盈余"。生态赤字是指该地区的人类生产和生活的需求超过了该地区的生态容量，要满足现有水平的消费需求，该地区要么从地区之外进口所欠缺的资源以平衡生态足迹，要么通过消耗自身的自然资本来弥补收入供给流量的不足。生态盈余则是指该地区的生态容量可以满足人类生产和生活的需求，生态环境向好。测度中会使用生态承载力这个概念。生态承载力是与生态足迹法相关的概念，指区域所能提供给人类的生物生产性土地面积的总和。可以看出，生态足迹是衡量生态承载力的一个较为客观的指标，可以从需求的角度描述人类占用的资源量，配合从供给的角度考察环境系统能够负担的人口数，从而对环境承载力进行测度。生态足迹法最突出的优点是表达简明、易于理解，与传统的可持续发展评价方法相比，直接建立消费与资源的定量关系，能有效评价人类活动对环境的影响。在区域发展的生态规划研究中，生态足迹法可用于以下几个方面：①分析和评价区域（城市和乡村）生态可持续发展水平；②分析实现区域可持续发展所需要的生物生产性土地面积；③分析区域生态足迹的变化趋势；④对不同区域间生态足迹进行比较从而指导产业结构和消费结构的调整以及资源开发利用模式。

二　土地利用/覆盖变化分析

（一）土地利用/覆盖变化分析

土地利用/覆盖变化分析不同于传统的土地科学，主要关注土地利用/覆盖变化与人的行为关系、土地利用/覆盖变化对于经济社会环境的影响。土地利用/覆盖变化（LUCC）多指国际地圈—生物圈计划（IGBP）和国际全球环境变化人文因素计划（IHDP）联合推出的LUCC项目。该项工作使得土地利用/覆盖变化相关理论成为土地科学的重要组成部分。LUCC的主旨是考察全球土地利用/覆盖变化的情形及其影响。随着学者们的持续努力，LUCC逐渐成为土地利用/覆盖变化的代名词。通过LUCC分析可以获知短期或较长时期内土地利用/覆盖变化的特点和背后驱动力的变化，以及土地利用/覆盖变化对该区域的影响。

（二）矿区土地利用/覆盖变化的特点

根据相关文献以及实地调研情况，笔者对矿区土地利用/覆盖变化的特点概括如下。

第一，矿区土地利用/覆盖变化存在明显的阶段性特征。

第二，矿区土地利用/覆盖变化反映了城市和区域发展变化的清晰轨迹。

第三，矿区土地利用/覆盖变化模式与区域生态足迹具有显著的相关性。

第四，区域主导产业变化已成为矿区土地利用/覆盖变化的重要驱动力。

第三节 绿色矿山体系建设下矿区土地承载力测算实例分析

结合学者们对矿区土地承载力测算的一般计算方法和周进生教授的矿区土地生态产品价值的思想，笔者认为，在绿色发展理念指导下，通过分析矿区土地变化和生态恢复治理的影响因素，运用生态足迹法、LUCC 模拟分析法以及 Tapio 脱钩分析进行矿区土地承载力测算具有可操作性和必要性。本节对不同开发模式下的矿业代表区域进行分析计算。开发模式包括资源自然限制模式、资源重点开发区域模式和资源限制开发区域模式。资源自然限制模式是指矿产资源本身数量减少导致的资源限制模式，资源重点开发区域模式是指列入国家重点开发区域的资源集聚区，资源限制开发区域模式是指受资源环境约束和因经济发展模式转变而限制部分矿种开发但矿产资源依然富集的地区。

一 定量分析方法

（一）国家层面重点开发区域的重点矿业经济区经济、社会和环境评价指标构建

构建国家层面重点开发区域的重点矿业经济区经济、社会和环境评价指标，并进行比较分析和变量间的相关性分析。

（二）对典型区域的生态资源进行符合生态足迹研究范式的测算

测算前提如下。

（1）研究案例中的资源和废弃物可被测度。

（2）生产生态产品的土地可以基于不同的土地利用类型现状进行测度。

生态足迹测度公式为

$$A_i = C_i/Y_i = (P_i + I_i - E_i)/(Y_i \times N) \qquad (9-1)$$

式 9 – 1 中，i 为消费项目的类型，A_i 为第 i 种消费项目折算的人均生态足迹分量（公顷），C_i 为第 i 种消费项目的人均消费量（千克），Y_i 为土地生产第 i 种消费项目的世界年均产量（千克/公顷），P_i、I_i、E_i 分别为第 i 种消费项目的年生产量、年进口量和年出口量，N 为人口数。应用 William 和 Wackemagel 提出的均衡因子进行测算。

（三）典型区域的生态足迹与生态承载力比较分析

本书中生态承载力（EC）的测度根据通用的世界环境与发展委员会（WCED）的建议，扣除了 12% 的生物多样性保护面积，其分析公式为

$$EC = (1 - 0.12) \times ec \times N \qquad (9 - 2)$$

（四）典型区域的 LUCC 模拟分析

应用 ArcGIS 的 GeoSOS 插件对样本区域进行 LUCC 模拟分析，采用 ANN – CA 模拟、DT – CA 模拟和 Logistic – CA 模拟技术，结合矿业经济情况对结果进行甄别分析。

（五）Tapio 脱钩分析

通过 Tapio 弹性系数法，测算区域经济增长与碳排放的脱钩关系，判断土地利用适宜性与区域经济增长的可持续性。

二　相关数据

（一）量化指标

将前文中所涉及的国家层面重点开发区域与重点矿业经济区进行匹配，主要指标量化为表 9 – 1 中的指标。

（二）环境治理费用相关性分析

图 9 – 1 中 y 代表环境治理费用，x_2 代表区域生产总值，x_3 代表区域工业产值，x_4 代表区域采掘业产值，x_5 代表区域内矿业产值占比，x_6 代表矿山的静态服务年限（x_1 代表的区域面积与 x_5、x_6 存在

表 9-1 国家层面重点开发区域的重点矿业经济区经济、社会和环境评价指标

开属区域	核心城市	区域面积（平方千米）	区域生产总值（万元）	区域工业产值（万元）	区域采掘业产值（万元）	矿业产值占比（%）	静态服务年限（年）	环境治理费用（万元）
	—	—	—	—	—	—	—	—
晋中南地区	朔州	10625.4	10071198	13228000	10477893	79.21	101.49	2859
太原城市群	晋城	9424.87	10128134	11176321	5817510	52.05	87.19	25928
	临汾	20275	12210801	19157838	6982958	36.45	74.8	89139
	赤峰	90021	15568199	18683848	9840960	52.67	42.05	123994
呼包鄂榆地区	鄂尔多斯	86882	36568006	39836607	27879362	69.98	150.3	674266
	包头	27768	34095400	32359884	4072555	12.59	37.05	367246
	鞍山	9255.36	24293160	29859400	2251641	7.54	73	287329
	黑河	66862	3660823	1077484	295736.7	27.45	30	25810
	大庆	21219	40010695	42683431	20907143	48.98	83.3	205340
哈长地区	鹤岗	15000	31310593	2982473	1831448	61.41	39.05	86450
	双鸭山	22051	5654312	6323166	1440879	22.79	79.38	56020
	七台河	6221	3080590	4094785	1937829	47.32	38.9	85080
	鸡西	22531	58233381	3704185	1970188	53.19	88.04	46920

续表

所属区域	核心城市	区域面积（平方千米）	区域生产总值（万元）	区域工业产值（万元）	区域采掘业产值（万元）	矿业产值占比（%）	静态服务年限（年）	环境治理费用（万元）
东陇海地区	徐州	11259	40165800	88822852	16711100	18.81	13.36	56131
江淮地区	淮南	2596.4	7817574	9940730	3573998	35.95	92.09	86470
	淮北	2741.4	6205393	14542282	4556395	31.33	40.17	12998
海峡西岸经济区	龙岩	19052	13567808	14455610	1584900	10.96	52.5	70314.4
中原经济区	焦作	4071.1	14426241	36592867	354431	0.97	39.32	94843
	三门峡	10496	11273204	33221789	13326249	40.11	51.9	57347
	洛阳	15208.6	29811000	68439000	4766253	6.96	39.34	87697
	平顶山	7882	14957963	28345169	6391148	22.55	72.83	78394
长江中游地区	萍乡	3823.99	7330597	13312689	1216431	9.14	10	12773.6
北部湾地区	—	—	—	—	—	—	—	—
成渝地区	—	—	—	—	—	—	—	—
黔中地区	百色	36202	7552400	8827400	2179590	24.69	50	9979.1
	泸州	12236.2	10304538	11601577	684299	5.90	23.78	97284

续表

所属区域	核心城市	区域面积(平方千米)	区域生产总值(万元)	区域工业产值(万元)	区域采掘业产值(万元)	矿业产值占比(%)	静态服务年限(年)	环境治理费用(万元)
滇中地区	文山	31456	4780249	3060646	552701	18.06	6.56	28758
	曲靖	28904	12099332	15239485	1758048	11.54	128.8	57345
滇中南地区	—	—	—	—	—	—	—	—
关中—天水地区	宝鸡	18116.93	13743300	19866888	1043096	5.25	47.83	164920
	渭南	13046	11538000	16343643	2325255	14.23	57.95	93649
兰州—西宁地区	白银	21209	4337700	6473188	826628	12.77	35.70	21467.2
宁夏沿黄经济区	石嘴山	21209	4099688	6470782	1902362	29.40	91.93	21467.2
天山北坡地区	哈密	85600	2094376	1391611	489600	35.18	78.5	6806.7
	阿勒泰	117699	1881090	1082624	741722.9	68.51	108.91	11220

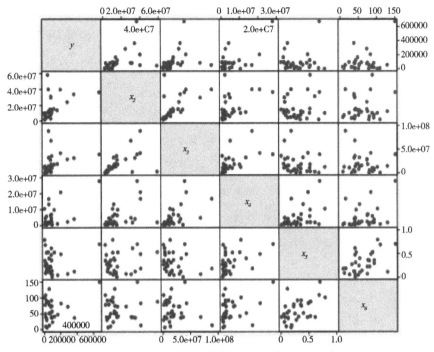

图 9 - 1 环境治理费用相关性分析矩阵

异方差，故在本相关性分析中舍弃）。可以看出，环境治理费用与区域内矿业产值占比、区域内矿山的静态服务年限具有较为显著的相关关系。

由 y 对 x_2、x_3、x_4、x_5、x_6 进行横截面回归的结果可知，y 代表的环境治理费用与 x_2 代表的区域生产总值、x_4 代表的区域采掘业产值、x_5 代表的区域内矿业产值占比具有显著的相关关系，p 值分别为 0.035、0.003、0.0016，在 5% 的水平上显著。方差膨胀因子（均值等于 2.63）检验结果小于 10，表明变量间不存在明显的多重共线性。White 检验结果 $Prob > chi2 = 0.0342$，小于 0.05，表明变量间不存在异方差。

（三）LUCC 分析评价案例

本节利用广东省东莞市的 LUCC 说明矿业发展与区域土地利用类型变化之间的关系，根据土地利用类型和矿点分布、禁采区演变等对区域可持续发展状况进行评估。

广东省东莞市已知矿产有 19 种，矿床点 66 处。金属矿产 8 种，矿床点 34 处。其中，黑色金属矿产 10 处（铁矿点 9 处，钛铁矿点 1 处），有色金属矿产 23 处（铜矿点 4 处、铅锌矿点 4 处、钨矿点 10 处、锡矿点 4 处、钛矿点 1 处），贵金属黄金矿化点 1 处。非金属矿产 11 种，矿床点 32 处。其中，冶金辅助原料矿产 9 处（耐火黏土 4 处、泥炭土 4 处、石油 1 处），化工原料矿产 14 处（黄铁矿点 6 处、重晶石矿点 3 处、钾长石矿点 4 处、石盐矿点 1 处），建材非金属矿点 3 处（水泥灰岩 2 处、水泥黏土 1 处）。主要分布在东莞市中部、南部和东部的山地丘陵地带。矿产分布分散，无规律。峰峰矿区是东莞市的主要矿区之一。

依据《广东省矿产资源总体规划（2008～2015 年）》对包括广州市、深圳市、珠海市、佛山市、江门市、东莞市、中山市，惠州市的惠阳区、惠东县、博罗县，肇庆市的高要区、四会市等珠江三角洲区域实行适度限制开发，区内经济价值高、资源条件好、具有大中型矿床规模的短缺矿种，如金、银、石膏、盐矿等矿产以及对环境影响较小的地下热水、矿泉水等，经环境适宜性评估和相关论证后，可进行适度开发。除了作为重要战略性矿产资源储备外，原则上不在区内进行金属矿产资源的商业性勘查。

《广东省矿产资源总体规划（2016～2020 年）》进一步收紧了东莞市等珠江三角洲核心区的矿产资源适度开发范围，规定珠江三角洲核心区属于限制开采区，采取更为严格的控制性开发计划。开发的总体方针是对于经济价值高、资源条件好的金、银等贵金属和对环境影响小的地热与矿泉水，以及总量控制指标范围内的建筑用石矿可适度开发外，限制其他矿种开采。按照核定指标，东莞市共有采石场指标 2 个。此外，东莞市划定了 6 个市内禁止开采区，涉及总面积达 69.03 平方千米（见表 9 - 2）。

根据《东莞统计年鉴》中的相关数据，可计算汇总得到东莞市近年来城镇化率变化、主要农产品的消费以及产量情况（见表9-3、表9-4、表9-5）。

表9-2 2016~2020年东莞市禁止开采区范围

单位：平方千米

名 称	面积	名 称	面积
观音山森林公园	6.57	大屏嶂森林公园	12
宝山森林公园	5.33	大岭山森林公园	23.02
清溪森林公园	12	九洞森林公园	10.11

表9-3 东莞市城镇化情况（按建成区面积统计）

单位：%

年份	建成区占比	未利用地占比	生态服务区占比
2000	28.740	0.079	71.181
2005	38.546	0.134	61.320
2006	43.631	0.122	56.247
2018	51.386	0.041	48.573

表9-4 东莞市部分年份主要农产品的消费情况

单位：吨

年份	人均粮食消费量	人均肉类消费量	人均水产品消费量	人均花生消费量	人均蔬菜消费量	人均水果消费量
2000	0.374539378	0.058657091	0.012460078	0.003596118	1.207627859	0.237356643
2005	0.033812142	0.051836025	0.008135144	0.000192691	0.777868583	0.255661647
2006	0.033295229	0.011466936	0.007595271	0.000276157	0.592817777	0.233575664
2018	0.007068109	0.000482541	0.003971817	0.000224883	0.003722195	0.081822488

表9-5 东莞市部分年份主要农产品的产量情况

单位：吨

年份	人均粮食产量	人均肉类产量	人均水产品产量	人均花生产量	人均蔬菜产量	人均水果产量
2000	1.241582328	2.022588692	2.022588692	0.011920981	4.003235695	0.786827316

年份	人均粮食产量	人均肉类产量	人均水产品产量	人均花生产量	人均蔬菜产量	人均水果产量
2005	0.169693062	3.801554531	3.801554531	0.000967057	3.903890526	1.28308959
2006	0.202684951	0.96079811	0.96079811	0.001681108	3.608782561	1.421893566
2018	0.081572093	0.030477273	0.053685992	0.002595349	5.583293023	0.944302326

根据《东莞统计年鉴》中的相关数据，使用前述生态足迹法进行模拟（见表9-6、表9-7），可对东莞市部分年份的生态产品价值进行计算（见图9-2）。通过土地承载力测算，并结合近年来东莞市土地利用情况，可对东莞市土地利用情况和城镇化情况进行模拟（见图9-3、图9-4、图9-5、表9-8）。

表9-6 模拟情境下的主要农产品的消费情况与2018年比较

单位：吨

项目	人均粮食消费量	人均肉类消费量	人均水产品消费量	人均花生消费量	人均蔬菜消费量	人均水果消费量
2018年	0.007068109	0.000482541	0.003971817	0.000224883	0.003722195	0.081822488
模拟情境1	0.007068109	0.000482541	0.003971817	0.000224883	0.001622454	0.081822488
模拟情境2	0.007068109	0.000482541	0.003971817	0.000224883	0.002980497	0.081822488

表9-7 模拟情境下的主要农产品的产量情况与2018年比较

单位：吨

项目	人均粮食产量	人均肉类产量	人均水产品产量	人均花生产量	人均蔬菜产量	人均水果产量
2018年	0.001572093	0.030177273	0.053685992	0.002595349	5.583293023	0.944302326

续表

项目	人均粮食产量	人均肉类产量	人均水产品产量	人均花生产量	人均蔬菜产量	人均水果产量
模拟情境1	0.03555615	0.025249596	0.051756851	0.001131277	2.43368042	0.411608359
模拟情境2	0.065317741	0.05721146	0.049675748	0.00207819	4.470745722	0.756137205

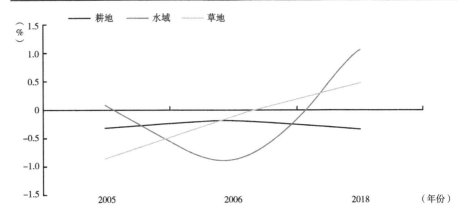

图9-2 东莞市生态产品价值变化（按土地利用类型计）

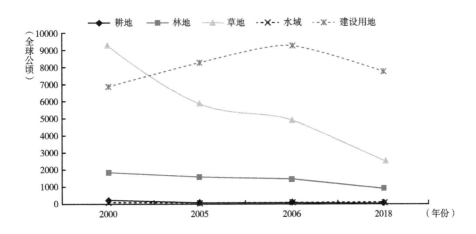

图9-3 东莞市土地承载力变化（按土地利用类型计）

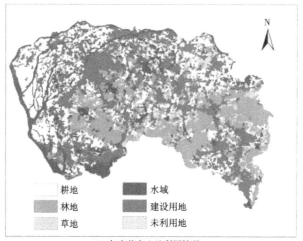

a.2000年东莞市土地利用情况

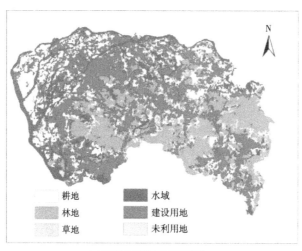

b.2005年东莞市土地利用情况

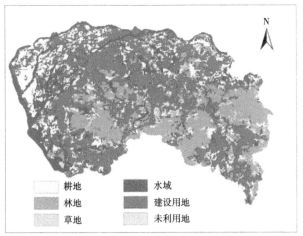

c.2006年东莞市土地利用情况

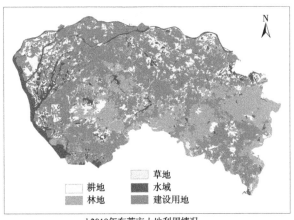

d.2018年东莞市土地利用情况

图 9 - 4　东莞市土地利用情况

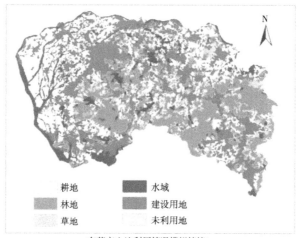

a.东莞市土地利用情况模拟情境1

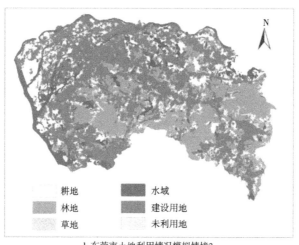

b.东莞市土地利用情况模拟情境2

图 9 - 5　东莞市土地利用情况模拟情境

**表 9-8　模拟情境下的东莞市城镇化率情况与 2018 年比较
（按建成区面积统计）**

单位：%

项目	建成区占比	未利用地占比	生态服务区占比
2018 年	51.386	0.041	48.573
模拟情境 1	28.740	0.079	71.181
模拟情境 2	43.666	0.120	56.213

（四）区域经济增长与碳排放的 Tapio 脱钩指数测算

Tapio 脱钩模型可用于分析经济增长与二氧化碳排放之间关系，从而说明绿色经济的发展情况。以东莞市为例，Tapio 脱钩分析表明，东莞市绿色经济发展存在较强的趋势性特征（见表 9-9），在经济持续增长的情况下，$e<0$ 表示强脱钩，$0 \leqslant e \leqslant 0.8$ 表示弱脱钩，$0.8 < e \leqslant 1.2$ 表示扩张连接，$e > 1.2$ 表示扩张负脱钩。测算结果显示，东莞市的经济发展呈现了从扩张负脱钩到弱脱钩再到强脱钩的趋势性变化，从碳排放与经济社会系统的耦合角度，呈现了较为合理的变化趋势。

表 9-9　2010～2018 年东莞市经济增长与碳排放脱钩情况

年份	环境压力	经济增长	e	脱钩状态
2010	0.160	0.106	1.545	扩张负脱钩
2011	0.070	0.096	0.697	弱脱钩
2012	0.020	0.079	0.259	弱脱钩
2013	0.050	0.078	0.648	弱脱钩
2014	0.030	0.074	0.393	弱脱钩
2015	-0.070	0.070	-0.947	强脱钩
2016	-0.040	0.068	-0.598	强脱钩
2017	-0.019	0.069	-0.269	强脱钩
2018	-0.049	0.067	-7.243	强脱钩

三　主要结果和初步结论

（一）重点区域矿区环境情况

通过计量方法分析变量间的相关关系，根据研究目的，主要考察以下几个变量间的相关关系：①环境治理费用与区域生产总值的相关关系；②环境治理费用与区域工业产值的相关关系；③环境治理费用与区域采掘业产值的相关关系；④环境治理费用与矿业产值占比的相关关系；⑤环境治理费用与矿山的静态服务年限的相关关系。

通过横截面回归可以得出，环境治理费用与区域生产总值、区域采掘业产值、矿业产值占比具有显著的相关关系。可进一步证实，在可持续发展理念的指导下，在贯彻绿色经济、生态经济模式下，区域的自然资源主导型产业对于区域环境污染治理投入具有重要的正向影响。这一结论也验证了笔者前文所述的中国环境库兹涅茨曲线走势预测。这些离不开近年来国土资源主管部门主导的绿色矿山建设以及禁采区、限采区划定的实践经验。

（二）典型区域的生态承载力和生态足迹情况

利用《东莞统计年鉴》数据，通过对东莞市生物资源账户进行计算，可测算东莞市的生态足迹和生态承载力。结果表明，从农产品产出和消费以及土地利用分类后的土地利用类型的生态承载力和生态足迹的测算来看，农用地存在比较明显的生态赤字，生态产品价值存在较大比例的下降，草地及水域存在部分年份的生态赤字，但2018年均转为生态盈余，生态产品价值增长比例较大。可见，不同类型的土地生态产品价值存在较为明显的差异。要遏制农用地生态产品价值的下降趋势，应采取更为严格的农用地保护措施。结合东莞市矿点分布情况可以得出，矿区生态环境治理应当继续贯彻宜农则农、宜林则林、宜水则水的治理原则，尽量控制和减少建成区面积，以便于区域土地分类及农用地总量调控。

（三）LUCC 模拟情况和区域经济增长与碳排放脱钩情况

与模拟情境——低建成区情境相比，2018 年东莞市建成区面积较 2000 年和 2005 年以自然比率增加，使得生态服务区占比下降，这会使得自然状态下的土地覆盖类型大量减少，会降低自然状态下以土壤植被为基础的大自然生态系统对自然物的降解能力，从而降低区域环境容量，使得污染程度相对加强，挑战区域安全水平。随着人类足迹在区域中的扩展，想要整体性改变土地利用类型的变化区域具有难度。而建成区绿化、城市水系建设维护、缩减建成区蔓延面积（蔓延面积是指相对于之前年份的扩展面积），成为保障区域环境容量安全的可行路径。中国土地管理制度规定了矿区应当以国有建设用地为基础建立，东莞市一些矿区的营建生产也成为建成区蔓延的一个主要因素，而矿区因其特殊区位而成为相对独立的一个区域元素，绿色矿山建设和矿区绿化对于保障矿区环境容量安全以及整体区域环境容量安全具有重要意义。这是上述土地利用/覆盖变化模拟得出的启示。

二氧化碳的排放量已成为目前碳达峰、碳中和约束性指标，也是产业和区域经济生态效益的重要评价指标。不同的产业在碳排放方面的差异对于土地利用政策和清洁生产与节能减排政策的制定和评估具有参考意义。Tapio 脱钩分析以土地利用模式和工业生产中的能源消耗为基础，通过与一定统计周期内的地区生产总值进行比较并判断趋势，可以反映践行绿色经济和生态经济的程度。东莞市碳脱钩趋势可以从一定程度上表明东莞市经济生态化和土地利用的合理化，以及经济活动与生态环境间一定程度上的耦合协调性。

决定区域生态赤字规模的五大因素为人口、人均消费、资源强度（即单位消费的生态足迹强度及碳排放变化趋势）、土地面积和土地生产力。以往国内生态足迹研究结果表明，广东省的生态足迹在全国范围内是最高的，这反映出广东省的地理区位佳、人口密集、资源禀赋良好的特点。东南沿海地区作为中国改革开放的前沿，制度优势引致的产业结构升级以及技术进步给区域产业发展注入源源不断的活力。东莞市的土地利用变化和生态足迹变化的研究表明，日益扩大的建成区面积使得农用地生态承载力面临较大压力。在绿色矿山建设规划指导下，缩减矿区建成区面积对于缓解农用地生态承载力压力具有积极作用。同时，广东省划定珠江三角洲核心区的限采区和部分区域的禁采区也给中西部地区资源型区域的开发提供了有益借鉴。

第十章

结论与讨论

第一节 主要结论

矿产资源和土地资源属于法定的自然资源，可以通过法律制度的协调实现经济功能和生态功能最优与社会福利最优，结合法学规范分析、经济学规范分析与实地调研情况，笔者认为，中国矿业用地法律制度完善的方向应当是对供地制度进行细分。属于建设用地范畴的，要严格遵循土地用途管制制度和建设用地制度规定，依法取得，整顿矿山企业的建设用地使用秩序。属于采矿用地范畴的，应当根据采矿用地的实际用地形态采取合理的供地制度。在对供地制度进行完善的基础上加强企业的用地责任，提升企业的环保意识，解决历史遗留问题，改善政府的管理方式方法，从而既保障矿业权人的合法权益、推动矿业的健康发展，又坚持贯彻十分珍惜、合理利用每一寸土地和切实保护耕地的基本国策，实现资源环境承载力下的经济社会全面发展。鉴于此，笔者认为，应当通过建立以下制度，实现矿业用地实质法治。

一 建立矿业用地分类供地制度

勘查用地按照中国法律规定以临时用地对待。开采矿业用地主要分为工业广场用地（包含选矿用地）、采矿用地、尾矿用地（包含矸石山），这些具体的用地类型中工业广场用地属于一般意义上的建设用地，应当通过国有建设用地方式取得，而采矿用地和尾矿用地要根据开采活动的实际情况通过适当的供地方式予以解决。此外，还应当根据开采矿业用地的实际情况，调整现有的《土地利用现状分类标准》（GB/T 21010－2017）。结合宪法、《物权法》、《矿产资源法》、《土地管理法》、《关于加快建设绿色矿山的实施意见》以及国家土地管理方面的相关部门规章，笔者认为，根据绿色矿业用地法律制度的构想，可以通过以下方式建立矿业用地分类供地制度。

第一，将采矿用地这种特殊的用地形态以临时用地制度予以规定。先前有关采矿用地的概念、性质以及在中国现行立法中的定位表明，采矿用地并不适用国有建设用地管理的相关规定。前文所述的博弈分析、广西平果铝土矿的改革试点以及后续在全国扩大范围推广的试点经验和多地实地调研的结果都可印证，临时用地制度可有效解决采矿权人取得土地使用权的难题，并且具有良好的经济效益、社会效益和生态效益。在中国法治进程中，现已初步确立了建设实质法治的价值取向和目标，这就需要法律的应然效果与实然效果相统一。不相统一的立法难以实现实质层次的法治。因此，应当遵循相关法律的立法本意和所追求的价值，实现法律体系的一致和完备，通过修改相关立法，将这一制度以法律的形式予以明确。

第二，通过灵活调整供地政策妥善解决调研中发现的部分矿山企业超出用地标准的用地需求和尾矿用地不足的问题。矿山企业超出用地标准的用地需求，如果其用途属于需要满足绿色矿山建设标准的绿化用地，则不应当限定只能通过建设用地的方式取得，可以作为生态用地或者通过租赁国有农业用地的方式取得。对于实践中出现的尾矿用地不足问题，笔者认为，尾矿用地的供地政策可根据采矿活动产生尾矿的实际情况预先明确方案，在履行报批手续后通过使用建设用地、临时用地或企业相互调剂的租赁方式取得。

第三，对于采矿过程中造成的土地塌陷及永久性的痕迹，确实无法按照原用途进行利用的，可以通过土地征收程序，转为建设用地，进行专项利用和整治。对于矿区采矿活动中的土地损害恢复治理的原则是确保耕地数量不减少，宜农则农，宜林则林，如果确实无法恢复，则考虑通过转为国有农用地或建设用地的方式，进行整治和再开发利用。

结合上述思路，笔者提出了矿业用地分类供地制度设想（见图10-1）。笔者认为，对矿业用地以细分方式供地，可以有效提高土地利用效率，合理利用土地，解决矿山企业用地难题。

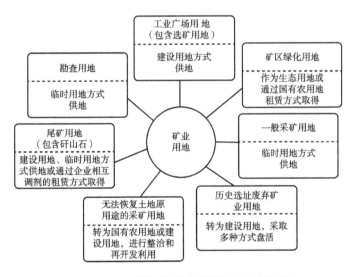

图 10-1　矿业用地分类供地制度设想

二　建立临时用地行政裁决和司法裁决制度

目前，在政府协调下的临时用地取得制度方面，尚未出现大量纠纷，但在土地用毕归还时遇到了很大阻力，这种阻力来自矿山企业和农户两个方面。第一种情形是，对于一些农户而言，矿山企业用毕土地想要还地的时候，原先愿意租地的农民却不愿意收回土地而愿意继续享有租金。第二种情形是，对于一些矿山企业而言，在矿产资源可采资源量已经下降或枯竭后，为安置职工、维护社会稳定，在完成土地复垦后意图改变土地利用方式，开展林下经济经营活动。第一种情形似乎有悖于交易公平，第二种情形又反映了企业产业调整后的用地需求。

此外，在采矿用地临时用地制度建设过程中，存在采矿权人在和土地权利人用地博弈中的弱势地位需要予以平衡的情形。现行试点的采矿用地采取矿山企业履行用地报批手续之后和土地权利人通过签订租赁合同的形式取得，这种形式是在双方合意之上的合同行为。而这里会出现一个问题，由于采矿用地具有特定性、不可替代性和附属功能，矿业权人在与土地权利人协商时，往往不易达成合意。这种情况不仅会出现在采矿用地的试点中，而且在一些不受法律保护的私下协商的租用地模式中也普遍存在。这种以市场机制为基础的用地模式，双方之间存在博弈关系，就需要辅之以必要的政府干预，以保证交易的公平合理。根据前文结论，除了不符合法律规定的使用土地的情形之外，应当在公平对价基础上保障矿业权人优先用地的权利。这种立法思路在世界范围内是有先例的。例如，前文所述的澳大利亚新南威尔士州的法律规定中就有矿业权持有者与土地权持有者间有关行为和补偿协议谈判破裂时的争端解决程序。

以上几种情形和国外的立法模式揭示了需要建立一种权威机制来对实际中各利益方的博弈进行平衡。笔者认为，应当建立行政裁决和司法裁决机制予以实现。对属于国土资源主管部门管理范围内的，应当建立行政裁决机制，而对涉及意思自治的合同效力及履行等方面的，应当建立司法裁决机制。具体而言，笔者认为，对于矿山企业用毕土地想要还地而原先愿意租地的农民却不愿意收回土地的情形，裁

决的思路应当是遵循保护交易公平、提高效率、合理利用土地等原则
进行处理。对于矿山企业在完成土地复垦后意图改变土地利用方式的
情形，如果企业所用土地为可以流转的土地，如四荒地，可以本着提
高效优原则通过裁决的方式或在与原土地权利人达成合意的情况下允
许企业经营，实现资源的合理配置。但如果涉及基本农田，从保障国
家粮食安全的角度，还是应当予以限制，但可以考虑通过置换方式或
土地整理、土地整治方式解决此问题，从而保证农用地的安全以及双
方交易的公平。对于采矿权人在和土地权利人用地博弈中的弱势地位
需要予以平衡的情形，根据博弈模型的优化思路，可通过确定采矿权
人的优先使用权、公权力裁决下的强行进入等方式予以解决。

三　建立废弃矿业用地分类盘活制度

矿业用地法律制度涉及矿业用地的取得、使用和退出三个阶段。
通过博弈分析，笔者发现对于矿业用地实行分类供地制度是解决矿业
用地使用难的最佳出路。然而，对于历史遗留的废弃矿业用地的权属
及使用问题，也应当通过适当的制度设计予以解决，促进土地的节
约、集约利用，实现土地的最大价值。对废弃矿业用地的盘活是对存
量资源通过合理方式进行配置以实现资源高效利用的目标。笔者认
为，应当坚持以下原则。

第一，盘活的前提应当是产权清晰、权责明确。中国历史上遗留
的废弃矿业用地由于当时的法律政策问题产生了现在意义上业界所指
的无主地。无主地并非指土地没有所有权人而是土地的权属不清。土
地权属不清就会导致后续治理的利益分配不均，从而影响土地的治理
效果。为此，应当在明确废弃矿业用地权属的基础上进行治理。

第二，在治理过程中要根据废弃矿业用地的具体情况，进行合理
规划。中国已经在农村土地整理中拥有很多经验，这些经验表明，根
据土地的具体情况（土壤、植被、地貌等）进行整理有利于实现耕

地总量动态平衡、促进经济社会发展。土地整理可以增加有效的土地利用面积，尤其是增加农用地的面积。同时，合理的规划也会改善当地的基础设施及民生状况，实现经济效益、社会效益和生态效益同步提升。对于废弃矿业用地也应当根据土地的现状进行合理的规划，形成符合实际的整治方案。原则上首先应考虑农业用途和生态用途，宜农则农，宜林则林。

第三，在废弃矿业用地的盘活上，应当遵循"谁投资谁受益"原则。可以采取 PPP 项目、BOT 项目或发展基金项目等多种方式广泛吸引投资主体，拓宽废弃矿业用地的盘活渠道。此外，对于一些具有科研价值、科普价值的重要矿业痕迹也可以考虑通过国家投资的方式进行公益性利用，以推动相关学科的科研和发展。对重要矿业痕迹的科普教育，使民众了解中国矿业自力更生、自强发展的历史，增强民族自豪感和自信心。

四　完善矿业用地宏观管理制度

根据中国国情和土地所有制、产权保障模式及土地利用制度，笔者认为，应当基于中国矿产资源、土地资源和生态环境实际情况，结合矿业用地的特性和矿地使用权产权保障的必要性，加强矿业用地的宏观管理。可以从以下几个方面予以完善。

第一，完善矿山建设规划与矿业开发规划、土地利用规划、自然保护区规划之间的衔接。加强矿山建设规划中的生态环境影响评价制度建设。为了更好地实现土地的集约节约利用，虽然采矿用地是一种临时用地形态，但由于中国的土地资源尤其是耕地资源宝贵，矿山企业应当在开采作业计划中表明矿山企业的矿业用地实际需求，并且在拿地、用地、退地的全过程中做好生态环境影响评价，切实贯彻绿色发展要求。

矿山建设应当与国民经济发展需求相匹配。对于中国这样一个大宗矿产资源紧缺、经济发展需求量大、环境矛盾尖锐的国家，完全依靠市场自我调节机制来调整矿业的供求关系势必导致产能落后。应当制定符合国家利益、社会利益的矿业发展规划，使矿业的发展符合经济和社会的需求，符合资源环境承载力。

矿山建设规划、矿业开发规划与土地利用规划、自然保护区规划在技术上应当统一。避免技术上违法行为的发生及各规划之间不协调、不统一。

第二，加强矿业用地的复垦管理。矿业用地的复垦又是解决矿业活动负外部性影响的重要方式，但是，在现有法律制度体系下，中国矿业用地复垦率偏低。笔者认为，可以通过两条路线加强矿业用地的复垦管理。对于建设用地，将矿山企业存量的建设用地复垦率与建设用地指标挂钩，这可以缓解矿山企业想扩大经营但举步维艰的问题。合理调整建设用地布局，确保建设用地指标充分利用，推动土地利用方式更加节约集约、生态环境得到持续改善。对于采矿用地，根据实际情况，边开发边复垦。控制采矿用地总面积，通过复垦还地率控制新增采矿用地的面积，促使企业基于经济需求切实做好复垦还地工作。确保采矿用地的临时用地性质不发生变化，不与土地用途管制制度、土地规划制度相冲突。

第三，完善相关法律制度之间的配套与协调。由前文分析可知，中国目前在法律定位中对矿业用地的定位存在缺失，立法的定位不清导致法律无法执行。因此，应当根据中国的国情，结合中国矿业的实际情况、发展趋势以及中国土地资源的特点，制定差别化的土地政策。这就需要做好《矿产资源法》、《土地管理法》与其他相关法律的衔接工作。在现有的法律框架下，应当对矿业用地单独规定，使《矿产资源法》《土地管理法》《环境保护法》等法律有效衔接，从而构建与资源环境承载力相匹配的和谐矿地关系（见图 10 - 2）。

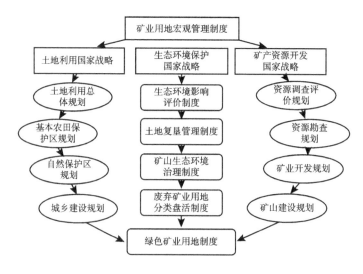

图 10 - 2　矿业用地宏观管理

五　将矿区土地承载力测算与生态承载力测算纳入矿产资源规划

将矿区土地承载力测算与生态承载力测算相结合。矿业绿色发展路径的建立离不开具体的绿色矿山项目建设、区域的矿产资源发展规划和国家层面的总体性矿产资源发展规划。矿区土地承载力测算可以给不同层面的可行性研究和规划制定提供资源环境层面的参考依据，满足"绿水青山就是金山银山"的发展理念需求。对区域发展的资源环境承载情况进行定量分析，为矿产资源规划提供技术上的帮助，可促使局部利益与整体利益、现实利益与长远利益、矿业发展利益与区域经济社会建设的价值取向相一致、相统筹。

六　建立与区域产业、社会、经济可持续发展相统一的矿区土地利用规划制度

生态足迹是一种在全球范围内受到认可的可持续发展的综合评价

指标。生态足迹测算及生态承载力测算可以简明地反映一个区域的生态环境是否可持续发展。生态足迹的测算指标还可以反映一个区域的产业结构变化情况。而土地利用/覆盖变化可以反映区域的用地类型和覆盖的变化，这种变化与区域产业布局密切相关。这就使得土地、植被、水系以及其他产业区域发展要素是否支持区域可持续发展可以被明确判断，推动区域的可持续发展与区域的社会经济建设紧密结合。碳脱钩指数可以反映不同产业和不同土地利用模式下绿色经济的践行情况。将生态足迹和生态承载力评价用于矿区土地利用规划，可以促进区域产业、社会、经济的可持续发展。

第二节　研究创新点

本研究基于矿业发展的规律和国民经济发展的需求提出，矿地使用权的特殊性是对矿业用地做出合理制度安排和进行有效产权保障的基础。本研究根据中国矿业和土地立法中存在的问题，借鉴正在推广的采矿用地试点成功经验，通过构建博弈模型对采矿用地法律定位问题和取得方式进行优化。本研究得出，应遵循"五位一体"的发展理念，形成政府主导下采矿用地的单独用地制度保障，将土地利用、产业发展与生态保护结合起来，协调"四位一体"的三阶段采矿用地法律关系，构建与资源环境承载力相匹配的绿色矿业用地法律制度体系，实现包含环境效益在内的社会福利最优。

本研究通过实地调研的方式证实了中国不同时期矿业用地法律制度和政策所产生的不同经济、社会、环境效果，凸显了合理矿业用地区分政策可产生较好的经济效益、社会效益和生态效益。鉴于此，对矿业用地进行严格区分，强化矿业开发中的生态环境影响评价制度、生态环境治理制度，推动矿政管理和土地管理中的协调机制建设，是国土资源管理领域增强国家治理能力的可行路径。在此基础上，本研究提出了完善中国矿业用地法律制度的建议，包括建立矿业用地分类供地制度、建立临时用地司法裁决制度、建立废弃矿业用地分类盘活制度、完善矿业用地宏观管理制度、将矿区土地承载力测算与生态承载力测算纳入矿产资源规划，以及建立与区域产业、社会、经济可持续发展相统一的矿区土地利用规划制度。通过上述措施，实现构建绿色矿业用地法律制度的构想，进而形成效优、和谐、美丽的绿色矿业发展模式。

结合统计学、计量分析以及系统仿真模拟技术，提供矿区土地承载力预测的可行方法。综合运用经济学和经济地理学的典型分析方法，考察矿区土地环境治理的相关情况及与矿业发展的相互关系，将生态足迹法与土地利用/覆盖变化分析相结合，为矿区生态环境的变化情境模拟提供技术支持，为矿产资源规划和区域发展规划编制以及矿山建设项目的可行性研究提供评价思路和方法。

第三节 讨论与展望

本研究属于问题导向的系统性政策研究。在自然资源管理的活动中，以有法可依为起点。由于法律关系是经济社会关系的反映和表述，本研究以法律政策背后的经济活动为起点，在分析中国矿业的现状、特点、发展趋势及土地在矿业发展中的作用的基础上，剖析了中国矿业用地法律制度和政策存在的问题，并通过博弈分析寻找优化路径，随后运用定量分析、建模技术并通过实地调研进一步论证，进而提出完善中国矿业用地制度体系的具体建议。本研究总体上厘清了矿业用地的定性、产权保护与取得、使用和退出等应当遵循的法律路径和相关技术路径，基于本书的研究成果，笔者认为，还可以从以下几个方面进行更深层次的研究。

第一，矿业用地管理的体制机制有待进一步的研究。对于在法治框架内，如何通过管理体制机制的完善实现政府在国土资源管理领域的良治，如何提高国土资源管理的效率，避免寻租，这些问题的解决有待于具体体制的设计。因此，如何在具体管理的实践中固化矿业用地管理体制机制的创新成果仍有待进一步的调查研究。

第二，对于矿业用地法律制度完善路径中所涉及的技术性问题仍需要更深层次的研究。如具体的采矿用地租赁期限的弹性问题。采矿用地的租赁期限不仅应当考虑要满足矿山生产需要，还应当考虑土地修复方面的技术问题，比如矿业用地退出中涉及的土地熟化过渡期问题，土地熟化过渡期应设定多长时间合适，以及过渡期内应由谁来养护，造成的时间损失该如何补偿。这些问题有待于结合土地修复技术开展进一步的理论论证和实证研究。

第三，矿区土地生态产品价值的扩展性研究。由于资源型经济以资源尤其是不可再生资源为基础，在计划经济体制下，曾经出现了一矿即一城的区域发展模式。随着中国东部率先发展、西部大开发、"一带一路"倡议的提出以及国家级中心城市的建立，中国区域间发展差距逐渐缩小，城市尤其是中心城区及建成区面积不断扩大，人口和产业大量集聚，使得区域生态承载力接近阈值。与以往不同，矿山和矿业不再成为支撑一个区域发展的绝对主导因素。资源型产业该如何适应这样一种发展趋势，形成绿色发展路径，产生生态产品价值，成为笔者近期研究的重点。

另外，管理制度尤其是法律制度本身具有滞后性，以及经济学的假设和模型与现实经济活动存在差异，使得建立在法学和经济学理论基础之上的研究在现实面前难免会存在一些不足。笔者在尽力缩小理论与现实之间的差距，在本书研究写作过程中，开展了多次实地调研，咨询了大量专家，了解了很多实际情况，但由于研究资料的局限性和经济社会的发展变化，现有研究仍存在不足，需要根据新情况和新问题进一步深入研究。

参考文献

〔英〕艾琳·麦克哈格、〔新西兰〕巴里·巴顿、〔澳〕阿德里安·布拉德布鲁克、〔澳〕李·戈登主编《能源与自然资源中的财产和法律》，胡德胜、魏铁军等译，北京大学出版社，2014。

柏林：《美加澳矿业生态立法的共性特征》，《中国矿业报》2016年9月13日。

保罗·克雷格、王东楠：《形式法治与实质法治的分析框架》，《行政法论丛》2010年第13卷。

〔美〕保罗·萨缪尔森、威廉·诺德豪斯：《经济学》（第19版），萧琛译，商务印书馆，2013。

曹永森：《政府干预经济基础理论与行为模式》，国家行政学院出版社，2012。

崔建远：《土地上的权利群论纲——我国物权立法应重视土地上权利群的配置与协调》，《中国法学》1998年第2期。

崔建远：《土地上的权利群研究》，法律出版社，2004。

崔建远：《准物权研究》，法律出版社，2003。

〔美〕丹尼尔·F.史普博：《管制与市场》，余晖、何帆、钱家骏、周维富译，格致出版社、上海三联书店、上海人民出版社，2017。

〔美〕道格拉斯·G.拜尔、罗伯特·H.格特纳、兰德尔·G.皮克：《法律分析的博弈》，严旭阳译，法律出版社，1999。

丁全利、周运动、胡建军：《平果铝土矿绿色矿山建设纪实》，《中国国土资源报》2015年10月19日。

董黎明、林坚编著《土地利用总体规划的思考与探索》，中国建筑工业出版社，2010。

凡杰：《自然资源结构在地区产业结构演进中的宏观作用——以环渤海地区为例》，《自然资源学报》1992年第2期。

〔德〕费希特：《自然法权基础》，谢地坤、程志民译，商务印书馆，2004。

〔德〕弗里德里希·李斯特：《政治经济学的国民体系》，陈万煦译，商务印书馆，1983。

付梅臣、吴淦国、周伟：《矿山关闭及其生态环境恢复分析》，《中国矿业》2005年第4期。

傅英主编《中国矿业法制史》，中国大地出版社，2001。

顾昂然：《关于〈中华人民共和国民法（草案）〉的说明（物权法部分摘录）——二〇〇二年十二月二十三日在第九届全国人民代表大会常务委员会第三十一次会议上》，《中国人大》2005年第S1期。

郭亮、张延凯：《矿区土地政策探讨》，《国土资源科技管理》2005年第2期。

国土资源部地质勘查司编《各国矿业法选编》，中国大地出版社，2005。

国土资源部政策法规司编《常用国土资源法规手册》，地质出版社，2015。

袁国华、郑娟尔、王世虎：《资源型城市土地利用差别化政策研究》，《中国发展观察》2015年第7期。

国务院法制办公室编《中华人民共和国国土资源法典》，中国法制出版社，2008。

何森、郝举:《中国矿权使用费探析》,《资源与产业》2009 年第 6 期。

〔美〕赫尔曼·E. 戴利、乔舒亚·法利:《生态经济学:原理和应用》(第二版),金志农、陈美球、蔡海生译,中国人民大学出版社,2014。

黄群慧、杨丹辉:《破除"资源诅咒"——山西省资源型与非资源型产业均衡发展机制研究》,经济管理出版社,2015。

黄汝章、顾和和、郭斌:《对矿区土地产权制度问题的反思》,《能源技术与管理》2007 年第 6 期。

《纪念〈矿产资源法〉颁布实施20周年座谈会举行》,中国人大网,2006 年 10 月 25 日。

江平主编《中国矿业权法律制度研究》,中国政法大学出版社,1991。

金碚、陈耀、杨继瑞主编《中国区域经济学前沿(2013～2014):区域与城乡一体化》,经济管理出版社,2014。

康纪田:《矿业地役权合同理论及其适用》,《天津法学》2015 年第 1 期。

康纪田:《矿业用地用途管制中政府与市场分工》,《重庆工商大学学报》(社会科学版)2016 年第 3 期。

康纪田、刘卫常:《地下矿业空间使用权制度研究》,《甘肃政法学院学报》2015 年第 4 期。

康纪田、刘卫红:《探索多元的农村矿业用地方式》,《华中农业大学学报》(社会科学版)2015 年第 1 期。

李超峰:《论我国矿业用地存在的问题及对策:以辽宁省为例》,《中国矿业》2012 年第 9 期。

李平:《新中国矿业民品历程》,《中国矿业报》2014 年 10 月20 日。

李显冬：《"中国矿业法修订"研究课题建议书（节选）》，《资源与人居环境》2007 年第 21 期。

李显冬主编《中国矿业立法研究》，中国人民公安大学出版社，2006。

李新：《矿业用地纠纷实务研究》，硕士学位论文，黑龙江大学，2013。

厉以宁主编《西方经济学》（第三版），高等教育出版社，2010。

《立法思想与实践的闪光——就新中国矿业法制史访中国国土资源经济研究院副院长付英》，中国国土资源网，2009 年 9 月 24 日。

梁纪尧、赵艳飞主编《经济学基础》，北京理工大学出版社，2012。

刘家福、梁雨华：《遥感技术在土地利用动态变化中的应用研究》，《吉林师范大学学报》（自然科学版）2005 年第 3 期。

刘美美、施泽明、倪师军：《磷矿开采放射性污染及治理》，《矿物学报》2013 年第 S2 期。

刘明明：《土地发展权的域外考察及其带来的启示》，《行政与法》2008 年第 10 期。

刘守英：《中共十八届三中全会后的土地制度改革及其实施》，《法商研究》2014 年第 2 期。

刘守英：《中国土地制度改革的方向与途径》，《上海国土资源》2014 年第 1 期。

卢栎仁：《阿尔钦——科斯理论的推广者》，《产权导刊》2009 年第 11 期。

〔美〕罗伯特·考特、托马斯·尤伦：《法和经济学》（第六版），史晋川、董雪兵等译，格致出版社、上海三联书店、上海人民出版社，2012。

骆云中、许坚、谢德体：《我国现行矿业用地制度存在的问题及其对策》，《资源科学》2004 年第 3 期。

〔美〕曼昆：《经济学原理》（第 7 版），梁小民、梁砾译，北京大学出版社，2015。

〔美〕尼古拉斯·L. 吉奥加卡波罗斯：《法律经济学的原理与方法——规范推理的基础工具》，许峰、翟新辉译，复旦大学出版社，2014。

苏东水主编《产业经济学》（第三版），高等教育出版社，2010。

孙韬、张宏伟、王媛、王晨婉：《基于环境库兹涅茨曲线理论的中国"先污染，后治理"问题的研究》，《环境科学与管理》2010 年第 8 期。

汪贻水、彭觥主编《中国实用矿山地质学》，冶金工业出版社，2010。

王丹、王太明：《绿色发展观视域下资源型城市生态治理之路》，《大连海事大学学报》（社会科学版）2020 年第 3 期。

王军主编《资源与环境经济学》，中国农业大学出版社，2009。

王利明：《物权法论》（修订二版），中国政法大学出版社，2008。

王骁：《美媒：根据环境库兹涅茨曲线 中国环境治理比美国同期好》，观察者网，2016 年 12 月 21 日。

魏铁军：《美国矿业法的演进》，《中国矿业》2005 年第 4 期。

吴春岐：《中国土地法体系构建与制度创新研究》，经济管理出版社，2012。

吴淦国：《资源型矿业城市战略规划的基础研究——矿山资源危机程度与资源潜力的调查和评价》，《资源·产业》2004 年第 4 期。

吴淦国、吕承训：《矿田构造的研究历史、现状与发展》，《地质通报》2011 年第 4 期。

袭燕燕：《关于我国矿业用地取得制度构建的思考》，《中国国土资源经济》2004 年第 12 期。

袭燕燕、李晓妹：《澳大利亚土地登记制度》，《国土资源》2003 年第 11 期。

徐聪：《德国经济治理》，时事出版社，2015。

许联芳、杨勋林、王克林、李晓青、张明阳：《生态承载力研究进展》,《生态环境》2006 年第 5 期。

杨公仆、夏大慰、龚仰军主编《产业经济学教程》（第三版），上海财经大学出版社，2008。

杨缅昆：《国民福利：诺德豪斯—托宾核算模式评析》,《统计研究》2007 年第 5 期。

余卫东、闵庆文、李湘阁：《水资源承载力研究的进展与展望》,《干旱区研究》2003 年第 1 期。

元兴：《〈美国矿业法〉的历史分析》,《矿产保护与利用》1992 年第 2 期。

袁春主编《土地管理法教程》，地质出版社，2003。

〔美〕约翰·F. 纳什、劳埃德·S. 沙普利、约翰·C. 海萨尼、莱因哈德·泽尔腾、罗伯特·J. 奥曼等：《博弈论经典》，韩松、刘世军、张倩伟、宋宏业等译，中国人民大学出版社，2013。

〔美〕约瑟夫·E. 斯蒂格利茨、卡尔·E. 沃尔什：《经济学》(第四版)，黄险峰、张帆译，中国人民大学出版社，2010。

〔美〕约瑟夫·斯蒂格里兹：《政府经济学》，曾强、何志雄等译，春秋出版社，1988。

张复明等：《破解"资源诅咒"：矿业收益、要素配置与社会福利》，商务印书馆，2016。

张维迎：《博弈论与信息经济学》，格致出版社、上海三联书店、上海人民出版社，2012。

赵淑芹、许坚、钟京涛：《中国矿业用地现状分析》,《农业工程学报》2005 年第 S1 期。

郑娟尔、付英、冯春涛、袁国华：《地权细分及可实施性与采矿用地制度改革》,《国土资源科技管理》2014 年第 2 期。

郑娟尔、章岳峰、冯春涛、袁国华：《基于地租理论的短期矿业用地补偿标准研究》,《中国国土资源经济》2015 年第 8 期。

中国土地矿产法律事务中心、国土资源部土地争议调处事务中心编著《矿业用地管理制度改革与创新》，中国法制出版社，2013。

中华人民共和国国土资源部编《中国矿产资源报告 2012》，地质出版社，2012。

中华人民共和国国土资源部编《中国矿产资源报告 2015》，地质出版社，2015。

中华人民共和国国土资源部编《中国矿产资源报告 2016》，地质出版社，2016。

周宏春：《澳大利亚的矿业管理及其启示》，《国土资源导刊》2009 年第 4 期。

周进生：《矿地使用权的取得与矿区土地复垦》，《国土资源》2004 年第 7 期。

周利国、安秀梅：《公共产品的定价原则》，《价格月刊》1999 年第 2 期。

周妍、周旭：《矿区国土综合整治探析——云南云磷集团的实践与启示》，《中国土地》2014 年第 3 期。

Allen, D. W., "What Are Transation Costs?" *Research in Law and Economics* 4 (1991).

Azapagic, A., "Developing a Framework for Sustainable Development Indicators for the Mining and Minerals Industry," *Cleaner Prod* 12 (2004).

Beladi, H., and C. C. Chao, "Does Privatization Improve the Environment?" *Economic Letter* 93 (2006).

Burchart-Korol, Dorota, Agata Fugiel, Krystyna Czaplicka-Kolarz, and Marian Turek, "Model of Environmental Life Cycle Assessment for Coal Mining Operations," *Science of The Total Environment* 562 (2016).

Castilla-Gómez, Jorge, and Juan Herrera-Herbert, "Environmental

Analysis of Mining Operations: Dynamic Tools for Impact Assessment," *Minerals Engineering* 76 (2015).

Coase, R. H. , "The Nature of the Firm," *Economics* 4 (1937).

Coase, R. H. , "The Problem of Social Cost," *Journal of Law and Economics* 31 (1960).

Department of Mineral and Energy in Western Australia, "Guidelines for Mineral Exploration and Mining within Conservation Reserves and other Environmentally Sensitive Lands in Western Australia," *Mineral Resources Engineering* 6 (1998) .

Department of Mineral and Energy in Western Australia, "Guidelines for Mineral Exploration and Mining Within Conservation Reserves and other Environmentally Sensitive Lands in Western Australia," *Mineral Resources Engineering* 6 (1998).

Fare, Rolf, and Shawna Grosskopf, "Environmental Production Functions and Environmental Directional Distance Functions," *Energy* 10 (2006).

Fricker, Alan, "The Ecological Footprint of New Zealand as a Step towards Sustainability," *Futures* (30) 1998.

Fusfeld, R. Daniel, "Toward a Revision of the Economic Theroy of Individual Behavior," *Journal of Economic Issues* 23 (1989).

Gerard, David, "Transaction Costs and the Value of Mining Claims," *Land Economics* 77 (2001).

Guzman, Jose G. , Rattan Lal, Shana Byrd, Steven I. Apfelbaum, and Ry L. Thompson, "Carbon Life Cycle Assessment for Prairie as a Crop in Reclaimed Mine Land," *Land Degradtion & Developmen* 27 (2016).

Hamel, G. , "Strategy as Revolution," *Harvard Business Review* 74 (1996) .

Hilson, G. , "Sustainable Development Policies in Canada's Mining

Sector: An over View of Government and Industry Efforts," *Environment Science Policy* 3 (2000).

Hodges, C. A. , "Mineral Resources, Environmental Issues, and Land Use," *Science* 268 (1995).

Kato, K. , "Can Allowing to Trade Permits Enhance Welfare in Mixed Oligoply?" *Journal of Economics* 88 (2006).

KREPS, D. , *Game Theory and Economic Modeling*, Oxford: Oxford University Press, 1990.

Lei, Kai, Huiyun Pan, and Chunye Lin, "A Landscape Approach Towards Ecological Restoration and Sustainable Development of Mining Areas," *Ecological Engineering* 90 (2016).

McCann, Laura, Bonnie Colby, K. William Easter, Alexander Kasterine, and K. V. Kuperan, "Transation Cost Measurement for Evaluating Environmental Policies," *Ecological Economics* 52 (2005).

Moomen, Abdul-Wadood, and Ashraf Dewan, "Mining, Agricultural Space and Land Use Conflicts: The Role of Local Government," Fourth International Conference on Agro-Geoinformatics, Istanbul, Turkey, 2015.

Mseba, Admire, "Law, Expertise, and Settler Conflicts over Land in Early Colonial Zimbabwe, 1890 −1923," *Environment and Planning* 48 (2016).

Naqvi, Syed Asif Ali, Syed Ale Raza Shah, Sofia Anwar, and Hassan Raza, "Renewable Energy, Economic Development, and Ecological Footprint Nexus: Fresh Evidence of Renewable Energy Environment Kuznets Curve (RKC) from Income Groups," *Environmental Science and Pollution Research* 28 (2021).

Odum, Eugene P. , *Fundamentals of Ecology*, Philadelphia: W. B. Saunders Co. , 1971.

Otto, James, and John Cordes, *The Regulation of Mineral Enterprises: A*

Global Perspective on Economics Law and Policy, Rocky Mountain Mineral Law Foundation Westminster Colorado, 2002.

Park, Robert E. , and Ernest Watson Burgess, *Introduction to the Science of Sociology*, Chicago: University of Chicago Press, 1970.

Radetzki, Marian, and Stephen Zorn, *Financing Mining Projects in Developing Countries: A United Nations Study*, London: Mining Journal Books Limited, 1979.

Sanusi, M. S. M. , A. T. Ramli, W. M. S. W. Hassan, M. H. Lee, A. Izham, M. N. Said, H. Wagiran, and A. Heryanshah, "Assessment of Impact of Urbanisation on Hackground Radiation Exposure and Human Health Risk Estimation in Kuala Lumpur, Malaysia," *Environment International* 104 (2017).

Spiegel, Samuel J. , "Rural Place-making, Globalization and the Extractive Sector: Insights from Gold Mining Areas in Kratie and Ratanakiri, Cambodia," *Journal of Rural Studies* 36 (2014).

Spiegel, Samuel, "Land and 'Space' for Regulating Artisanal Mining in Cambodia: Visualizing an Environmental Governance Conundrum in Contested Territory," *Land Use Policy* 54 (2016).

Tivery, John R. , "Mining Law Development and Native Impacts," *Mineral Resources Engineering* 8 (1999).

Unger, C. J. , A. M. Lechner, J. Kenway, V. Glenn, and A. Walton, "A Jurisdictional Maturity Model for Risk Management, Accountability and Continual Improvement of Abandoned Mine Remediation Programs," *Resources Policy* 43 (2015).

Wackernagel Mathis, and William E. Ress, *Our Ecological Footprint: Reducing Human Impact on the Earth*, Gabriola Island: New Society Publishers, 1996.

Wackernagel, M. , C. Monfreda, and D. Deumling, "Ecological Footprint of Nations," *Sustainability Issue Brief* 22 (2002).

Wolf, Susan, *Principles of Environmental Law* (Third Edition), London: Cavendish Publishing Limited, 2002.

Zambrano-Monserrate, Manuel A. , Maria Alejandra Ruano, Vanessa Ormeño Candelario, and Daniel A. Sanchez-Loor, "Global Ecological Footprint and Spatial Dependence between Countries," *Journal of Environmental Management* 272 (2020).

附　录

实地调研提纲

一、基本情况

1. 矿山建设规模（大型、中型、小型）、矿区范围、矿种、地质储量、可采年限、开采方式、产量。

2. 经济效益、就业人数、纳税情况。

二、采矿用地情况

1. 占地范围、使用年限、拿地的成本、拿地的成本占经营总成本的比重、拿地的方式、有没有拿地障碍。

2. 用地类型：（1）工业广场：工业厂房、生活设施用地、道路、其他附属设施用地；

（2）采矿区：露天采坑；

（3）内排土场、外排土场。

各个功能区的比重大概是多少？

是否还有其他类型用地？比重是多少？

三、矿区土地复垦的情况

1. 复垦的面积、所占的比重。

2. 复垦的成本。

3. 复垦的方式。

4. 复垦后的土地去向。

四、矿区环境治理的成本

五、与当地社区的关系如何

六、如何看待临时用地试点政策

七、对于中国矿业用地的立法有什么建议

绿色矿山建设评价指标

一、绿色矿山建设先决条件

1. 证照合法有效。

2. 近三年内未受行政处罚。

3. 未列入矿业权人异常名录。

4. 矿山正常运营，且剩余储量可采年限（按储量年度报告）不少于3年。

5. 矿区范围未涉及各类自然保护地。

二、绿色矿山评定三级指标

一级指标	二级指标	三级指标
一 矿区环境	（一）矿容矿貌	1. 功能分区
		2. 生产配套设施
		3. 生活配套设施
		4. 生产区标牌
		5. 定置化管理
		6. 固体废物堆放
		7. 固体废物管理
		8. 生活垃圾处置与利用
		9. 主干道路面情况
		10. 道路清洁情况
		11. 矿区清洁情况
		12. 矿区建筑物、构筑物建设和维护

一级指标	二级指标	三级指标
	（二）矿区绿化	13. 矿区绿化覆盖
		14. 专用主干道绿化美化要求
		15. 绿化保障机制
		16. 绿化保障效果
		17. 矿区美化
二　资源开发方式	（一）资源开采	18. 开采技术
		19. 开采工作面质量要求
	（二）选矿加工	20. 选矿及加工工艺
	（三）矿山环境恢复治理与土地复垦	21. 范围要求
		22. 治理要求
		23. 土地利用功能要求
		24. 生态功能要求
	（四）环境管理与监测	25. 环境保护设施
		26. 环境管理体系认证
		27. 环境监测制度
		28. 环境监测设备
		29. 应急响应机制
		30. 矿山地质环境动态监测情况
		31. 废水尾矿等动态监测
		32. 复垦区动态监测
三　资源综合利用	（一）共伴生资源综合利用	33. 资源勘查评价与开发
		34. 共伴生资源的综合利用
		35. 对复杂难处理或低品位矿石的综合利用
		36. 对暂不能开采的共伴生矿产的要求
	（二）固废处置与综合利用	37. 工业固废处置与利用
		38. 表土处置与利用
		39. 回收提取有价元素，有用矿物
	（三）废水处置与综合利用	40. 开采废水的处置与综合利用
		41. 生产废水的处置与综合利用
		42. 生活污水处置
	（四）综合利用	43. 开采加工等相关产物综合利用
	（五）固废处置与综合利用	44. 土质剥离物的综合利用
	（六）废水处置与综合利用	45. 生产废水的处置与利用
		46. 生活污水的处置

一级指标	二级指标	三级指标
四　节能减排	(一)节能降耗	47. 全过程能耗核算体系
		48. 能源管理计划
		49. 矿山单位产品能耗
		50. 能源管理体系认证
	(二)废气排放	51. 主要产尘点清单
		52. 生产过程的粉尘排放
		53. 地面运输过程的粉尘排放
		54. 贮存场所的粉尘排放
		55. 其他废气排放
	(三)废水排放	56. 生活污水排放
		57. 工业废水排放
		58. 排水管道设置
		59. 地表径流水、淋溶水排放要求
	(四)固废排放	60. 固废排放要求
	(五)噪声排放	61. 主要噪声点清单
		62. 噪声处置要求
		63. 噪声排放要求
五　科技创新与智能矿山	(一)科技创新	64. 技术研发队伍
		65. 技术研发管理制度
		66. 协同创新体系
		67. 科技获奖情况
		68. 研发及技改投入
		69. 高新技术企业认证
		70. 知识产权情况
	(二)智能矿山	71. 先进技术和装备
		72. 智能矿山建设计划
		73. 矿山自动化集中管控平台
		74. 矿山生产自动化系统
		75. 远程视频监控系统
		76. 资源储量管理系统
		77. 智能工作面或无人驾驶矿车系统
		78. 矿区环境在线监测系统

续表

一级指标	二级指标	三级指标
六 企业管理与企业形象	(一)绿色矿山管理体系	79. 绿色矿山建设计划与目标
		80. 绿色矿山建设组织机构与职责
		81. 绿色矿山考核
		82. 绿色矿山建设改进提升
		83. 绿色矿山建设培训
	(二)企业文化	84. 职工满意度调查
		85. 职工文娱活动
		86. 工会组织开展活动
		87. 绿色矿山文化建设
	(三)企业管理	88. 员工收入与企业业绩的联动机制
		89. 功能区管理制度
		90. 采选装备管理
		91. 职业健康管理制度
		92. 环境保护管理制度
		93. 人员目视化管理
		94. 绿色矿山宣传活动
		95. 员工体检
	(四)社区和谐	96. 矿地和谐情况
		97. 扶贫或公益募捐活动
	(五)企业诚信	98. 企业依法纳税情况
		99. 企业履行相关义务情况
		100. 信息公示

注：一级指标"资源综合利用"中：①非金属、化工、黄金、冶金、有色、石油、煤炭等行业按照 33～42 项共 10 项三级指标进行评分；②砂石、水泥灰岩、建筑石材等行业按照 43～46 项共 4 项三级指标进行评分。

后　记

　　本书是我在博士学位论文基础之上的进一步研究，感谢我的导师吴淦国教授的栽培之恩，感谢同门们的建设性意见。同时，也感谢对我的研究提出指导性宝贵意见的老师、专家、学者同人，以及河北大学经济学院、自然资源部资源环境承载力评价重点实验室、河北大学资源利用与环境保护研究中心、河北大学优秀青年科研创新团队"产业布局与区域经济发展创新团队"的支持与帮助。感谢与我共同战斗的研究团队对于本书的大力贡献。我的博士学位论文旨在从技术层面完善中国矿业用地的制度体系，侧重于从矿业的绿色性、生态性角度出发，重点考察中国矿区土地利用及生态环境影响方面的评价，增强立法和管理的科学性。本书则以更广阔的系统性视角对矿区的土地利用问题展开研究，是前述研究的深化与发展。希望本书能为自然资源管理和区域发展提供可行的参考建议，为国家的发展贡献绵薄之力。

　　北地摇篮启思行，秀敏河大德翰园，悠悠朗朗坤舆情，质朴京畿揽雄图，最美河山与田园，现代矿业融诗意，绿色科技启未来。

　　最后对本研究团队成员马建辉、谢东辉、肖伟、张航、蒋策、郝燕迪、黄菲、苗亚辉、刘航航、刘玲、吴淑君等同志再次致以谢忱，感谢团队成员在本书定稿及修订过程中所做的宝贵工作。感谢我的家人对于我研究工作的大力支持。再次致以诚挚感谢！

图书在版编目（CIP）数据

矿区土地利用与区域可持续发展：制度构建和产业
实践／何淼著．-- 北京：社会科学文献出版社，
2021.10
（河北大学哲学社会科学文库）
ISBN 978 - 7 - 5201 - 8680 - 3

Ⅰ. ①矿…　Ⅱ. ①何…　Ⅲ. ①矿区 - 土地利用 - 区域
发展 - 研究 - 中国　Ⅳ. ①F321.1

中国版本图书馆 CIP 数据核字（2021）第 136132 号

河北大学哲学社会科学文库
矿区土地利用与区域可持续发展
——制度构建和产业实践

著　者／何　淼

出 版 人／王利民
责任编辑／宋　静　柯　宓
责任印制／王京美

出　　　版／社会科学文献出版社·皮书出版分社（010）59367127
　　　　　　地址：北京市北三环中路甲 29 号院华龙大厦　邮编：100029
　　　　　　网址：www.ssap.com.cn
发　　　行／市场营销中心（010）59367081　59367083
印　　　装／北京虎彩文化传播有限公司

规　　　格／开　本：787mm×1092mm　1/16
　　　　　　印　张：13.5　字　数：176 千字
版　　　次／2021 年 10 月第 1 版　2021 年 10 月第 1 次印刷
书　　　号／ISBN 978 - 7 - 5201 - 8680 - 3
定　　　价／98.00 元

本书如有印装质量问题，请与读者服务中心（010 - 59367028）联系